부의 게임 메이커

룰을 아는 자가 돈을 만든다

Know the Rules, Make the Money!
The Wealth Game Maker

부의
송진호 지음
게임 메이커

"룰을 아는 자가 돈을 만든다!"

HCbooks

목차

Know the Rules, Make the Money!
The Wealth Game Maker

부의
게임 메이커

"룰을 아는 자가 돈을 만든다!"

프롤로그

왜 우리는 판을 만들지
못했는가?"

"돈은 게임이다. 그리고 이 게임에서 승자는 플레이어가 아닌 게임의 룰을 만드는 사람이다." — 송진호

플레이어였던 우리의 현실

당신은 지금 누구의 게임을 하고 있습니까? 매일 아침 알람 소리에 눈을 뜨고, 출근길에 올라 타인을 위해 하루를 바치고, 월급에서 세금이 빠져나가는 것을 지켜보고, 30년 대출 갚는 데 인생을 저당잡히는 삶. 이것이 바로 우리 대부분의 현실입니다.

신문 배달부로 하루를 시작하고, 노동 현장과 남대문 시장의 최전선에서 살아남아야 했던 제 경험을 통해 명확히 깨달은 것이 있습니다. 우리는 지금 치열하게 뛰고 있지만, 남이 설계한 게임판 위에서 그들이 정한 룰대로 플레이하고 있을 뿐입니다.

IMF 외환위기를 직접 겪으며 저는 피부로 느꼈습니다. 시스템이 흔들릴 때, 플레이어들은 무너지고 게임 메이커들은 더 강해진다는 것을요. 그 와중에도 누군가는 오히려 부를 키웠습니다. 왜일까요?

정답은 간단합니다. 그들은 게임을 플레이하지 않았습니다. 게임을 설계했습니다.

당신은 이런 질문을 던져본 적 있습니까?

- 왜 열심히 일해도 부자가 되기는 더 어려워질까?
- 왜 저축하면 할수록 돈의 가치는 줄어들까?
- 왜 위기 때마다 부의 양극화가 심화될까?
- 왜 똑같은 노력을 해도 결과는 천차만별일까?

제가 30년간 사업과 투자 현장에서 터득한 가장 중요한 통찰은 이것입니다: "돈은 버는 것이 아니라 만드는 것이다."

판을 짜는 자들의 세계로 당신을 초대합니다

"국가 없는 국민은 없다"는 신념으로 대통령 선거에 출마했던 제가, 이제는 더 근본적인 메시지를 전합니다. "시스템 없는 부는 없다."

이 책은 단순한 재테크서가 아닙니다. 당신의 경제적 사고방식을 완전히 뒤바꿀 게임 체인저입니다. 남이 만든 게임에서 이기는 법이 아니라, 당신만의 게임을 설계하는 방법을 알려드립니다.

게임 메이커들은 이렇게 생각합니다:

- "이 금융 시스템은 누가, 왜 이렇게 설계했는가?"
- "돈의 흐름을 어떻게 내 방향으로 설계할 수 있을까?"
- "어떻게 시간과 타인의 자원을 활용하는 시스템을 만들 수 있

을까?"

• "나는 어떤 게임의 메이커가 될 것인가?"

청소년 시절부터 제가 배운 것은, 부자들은 단순히 열심히 일하지 않는다는 점입니다. 그들은 돈의 심리학, 시스템, 레버리지를 이해하고 설계합니다. 플레이어가 게임의 규칙을 따르는 동안, 메이커는 규칙 자체를 만들고 변형시킵니다.

나만의 게임판 설계: MONEY 5단계 프레임

이 책에서 제가 소개하는 MONEY 프레임은 당신만의 게임판을 설계하기 위한 체계적인 5단계 접근법입니다:

• 1단계: M — Mission - **나의 부의 미션과 목표를 명확히 한다** .
  당신의 경제적 자유를 위한 명확한 방향과 목적을 설정합니다.
  왜 부를 추구하는지, 어떤 삶을 살고 싶은지 정의합니다.

• 2단계: O — Organize - **내 자산과 자원을 정리한다.**
  당신이 가진 모든 자산과 자원을 파악하고 시각화합니다. 돈의
  흐름을 한눈에 보고 관리할 수 있는 시스템을 구축합니다.

• 3단계: N — Navigation - **돈이 흘러갈 항로를 설계한다.**
  시간과 자원의 효율적 활용 전략을 세우고, 레버리지를 통해
  작은 노력으로 큰 결과를 만들어냅니다.

• 4단계: E — Expand - **수익 모델과 자산을 확장한다.**
  자동화와 시스템을 통해 수익원을 다각화하고, 자산 포트폴리
  오를 확장하는 방법을 학습합니다.

- 5단계: Y — Yes! - 실행하고 점검하며 성과를 축적한다.

  계획을 실행에 옮기고, 지속적으로 점검하며 개선하는 선순환 시스템을 구축합니다.

평생 현장을 누비며 경험한 실전 노하우를 이 책에 모두 담았습니다.

이제 당신이 게임을 설계할 차례입니다

당신이 평생 플레이어로 살아왔다면, 이제 메이커로 거듭날 시간입니다. 돈이 어떻게 흐르고, 부가 어떻게 창출되는지 그 시스템을 이해하면, 더 이상 시스템의 노예가 아닌 설계자가 될 수 있습니다.

이 책에서 당신은 다음을 배우게 될 것입니다:

- 금융과 부의 숨겨진 룰을 해독하는 법
- 당신만의 게임판을 5단계로 설계하는 법
- 시간, 돈, 사람의 레버리지를 활용하는 법
- 디지털 머니 시대의 새로운 기회를 포착하는 법
- 지속 가능한 부의 시스템을 구축하는 법

이것은 단순한 지식이 아닌, 당신의 경제적 자유를 위한 설계도입니다.

준비되셨습니까? 플레이어에서 메이커로 전환하는 여정을 함께 시작합시다. 이 책을 다 읽은 후에는, 더 이상 같은 방식으로 돈을 바라보지 않게 될 것입니다. 당신 앞에 펼쳐진 경제 세계는 이제 제약이 아닌, 당신이 재설계할 수 있는 무한한 기회의 장이 될 것입니다.

이제 당신의 차례입니다. 게임을 플레이하지 말고, 게임을 설계하십시오. 당신은 더 이상 플레이어가 아닙니다. 당신은 게임 메이커입니다.

이 책이 세상의 빛을 보게 되기까지 함께해 주신 모든 분께 깊은 감사를 전합니다.

무엇보다, 매 순간 저를 믿고 지지해 주시는 미라클시티월드그룹의 모든 가족 여러분께 진심 어린 감사의 마음을 전합니다. 여러분의 응원과 믿음이 있었기에, 저는 흔들림 없이 앞으로 나아갈 수 있었습니다. 함께 걸어온 길이 곧 기적이었음을 이 책을 통해 다시 한번 깨닫습니다.

또한, 이 책의 원고 자료를 수집하고 정리하는 데 한마음으로 애써 주신 박영찬 박사님께 특별한 감사를 드립니다. DACL 연구소 대표이시며, 산업카운슬러 1급 자격을 갖추시고, KAIST 바이오 및 뇌공학과 대우교수로서 10년 이상 학문과 교육에 헌신하셨던 박 박사님은 지금도 '과학리더십 커뮤니케이션' 교육에 힘쓰며 수많은 이들에게 통찰을 나누고 계십니다. 그의 깊이 있는 지식과 탁월한 분석이 없었다면 이 책의 체계적인 메시지는 완성되지 못했을 것입니다.

늘 곁에서 변함없는 조언과 격려로 힘이 되어주시는 손민경 대표님께도 진심으로 감사드립니다. 미라클시티그레잇 대표이자 한국사회경제연구소 이사로서 언제나 옳은 방향을 제시해 주시며, 최고의 파트너로서 이 여정을 함께해 주셨습니다. 손 대표님의 통찰과 응원이야말로 제가 새로운 길을 두려움 없이 개척한 수 있었던 가장 든든한 힘이었습니다.

그리고 무엇보다, 저의 가장 소중한 두 딸에게 이 책을 바칩니다. 아버지로서, 또 한 사람의 인생 메이커로서 전하는 이 작은 선물이 여러분의 미래에 든든한 나침반이 되기를 소망합니다.

이 책을 통해, 여러분도 스스로의 게임을 만들고 설계하는 메이커로 성장하길 바라며, 사랑과 응원의 마음을 전합니다.

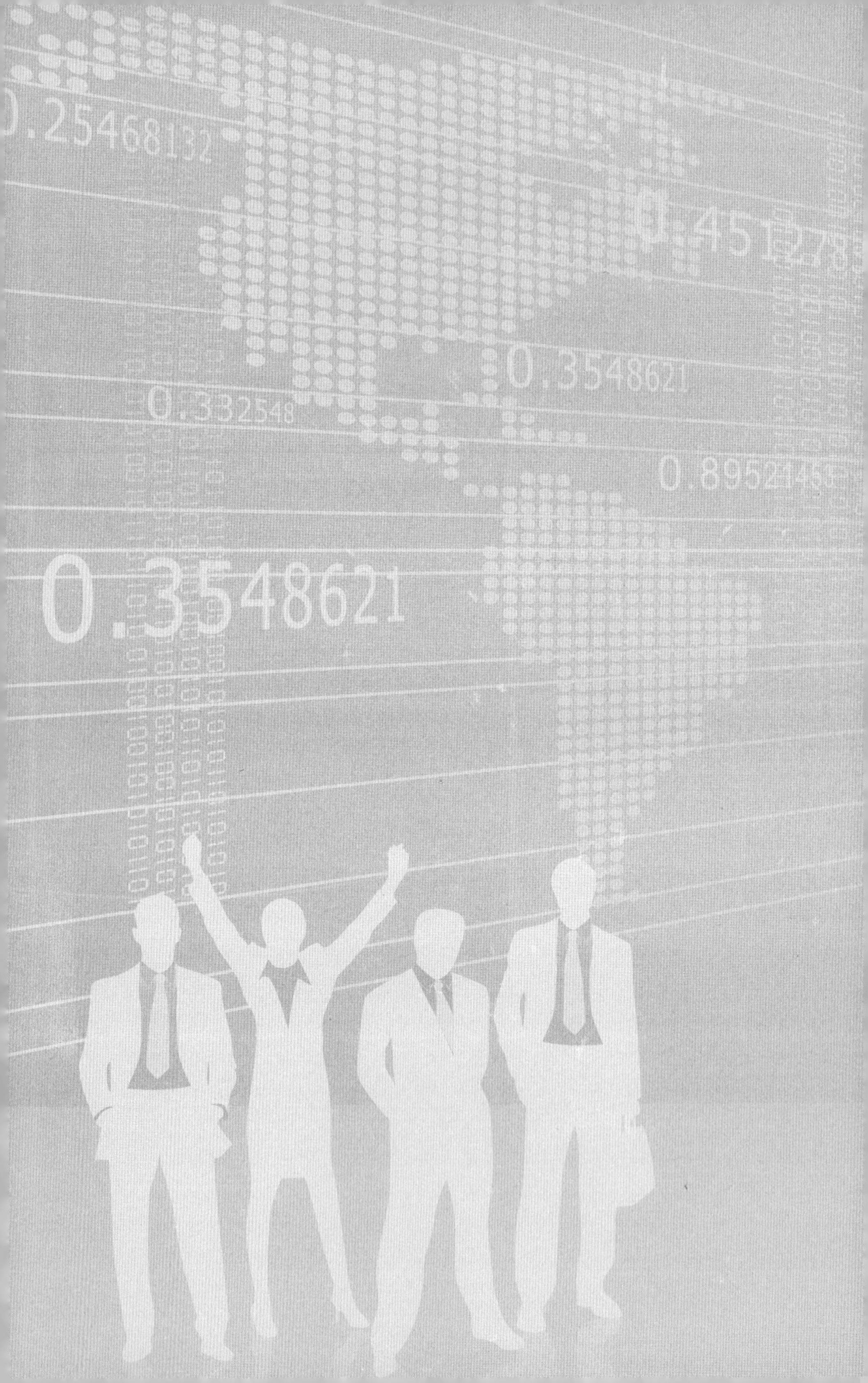

Part 1

인식 전환:
나는 플레이어였는가, 설계자였는가?

1장.
게임 메이커의 세계관

부자는 돈을 설계한다

"매달 열심히 일했는데 왜 부자가 될 수 없을까요?"

비즈니스 현장에서 가장 많이 받는 질문입니다. 대부분의 사람들은 '열심히 일하면 부자가 된다'는 공식을 믿고 살아갑니다. 그러나 현실은 어떻습니까? 세상에서 가장 열심히 일하는 사람들이 가장 큰 부를 축적하고 있나요?

답은 '아니오'입니다.

남대문 시장에서 새벽부터 밤늦게까지 장사하는 상인, 건설 현장에서 하루 종일 땀을 흘리는 노동자, 편의점에서 야간 근무하는 알바생. 그들보다 더 열심히 일하는 사람을 찾기 어렵습니다. 그러나 그들이 부자가 되는 경우는 드뭅니다.

그리고 이제 이 현실은 생성 AI와 자동화 기술의 등장으로 더욱 가속화되고 있습니다.

반면, 세계 최고 부자들의 일상을 살펴보세요. 그들은 하루 몇 시간 일할까요? 그들은 자신의 시간을 어떻게 사용할까요? 그들은 과연 '가장 열심히 일하는 사람들'일까요?

생성 AI가 글을 쓰고, 코드를 작성하고, 디자인을 만드는 세상입니다. 로봇이 공장을 운영하고, 알고리즘이 주식을 거래하는 시대입니다. 이런 환경에서 단순히 '열심히 일하는 것'만으로는 더 이상 경쟁력을 가질 수 없게 되었습니다.

부자들은 돈을 버는 것이 아니라 설계합니다.

제가 20대 후반, 첫 사업을 시작했을 때의 이야기입니다. 밤낮없이 일했고, 모든 것을 혼자 처리했습니다. 매출은 늘었지만 정작 제 소득은 크게 늘지 않았습니다. 일이 많아질수록 저는 더 바빠졌고, 더 지쳐갔습니다.

그러던 어느 날, 우연히 만난 멘토가 던진 한 마디가 저를 깨웠습니다.

"당신은 사업을 하는 게 아니라, 그저 스스로를 고용한 직원일 뿐이오."

그 말을 듣는 순간 번개가 치는 듯한 깨달음이 왔습니다. 저는 사업가가 아니라 그저 '스스로를 고용한 노동자'였을 뿐이었습니다. 진정한 부자들은 이런 '시간과 노력의 교환' 방식으로 돈을 벌지 않습니다. 그들은 시스템을 설계합니다.

워렌 버핏, 일론 머스크, 제프 베조스를 보십시오. 그들은 자신의 노동력을 팔아 부자가 된 것이 아닙니다. 그들은 자신만의 게임판을 설계했고, 그 게임판 위에서 돈이 자신에게로 흘러들어오는 구조를 만들었습니다.

돈을 버는 사람과 돈을 설계하는 사람 사이에는 천지 차이가 있습니다.

세계 금융 시스템을 설계한 로스차일드 가문은 "누가 한 국가의 법을 만드는지는 상관없다. 통화를 통제하는 사람이 진정한 권력자다"라는 말을 남겼습니다. 그들은 단순히 게임에 참여한 것이 아니라, 게임의 규칙 자체를 만들었습니다.

IMF 위기 당시, 제가 어렵게 모은 자금이 하루아침에 절반 가까이 가치가 떨어졌습니다. 누군가는 그 위기로 파산했지만, 또 다른 누군가는 엄청난 부를 축적했습니다. 그 차이는 무엇일까요?

한쪽은 게임의 피해자였고, 다른 쪽은 게임의 설계자였습니다.

플레이어 vs 메이커: 결정적 차이

플레이어와 메이커의 차이는 무엇일까요? 체스 게임으로 비유해 보겠습니다.

플레이어는 주어진 말을 움직여 상대를 이기려 합니다. 메이커는 체스판 자체를 설계하고, 말의 움직임 규칙을 정합니다. 플레이어가 승자를 가리는 동안, 메이커는 게임 자체에서 이익을 얻습니다.

플레이어의 특징:

1. 주어진 규칙 안에서 최선을 다한다
2. 노력과 시간을 투입해 성과를 얻는다
3. 다른 플레이어와 경쟁한다
4. 게임의 결과에 따라 승패가 결정된다
5. 틀린 선택을 하면 패배한다

메이커의 특징:

1. 게임의 규칙 자체를 만들거나 변형한다

2. 시스템과 구조를 설계해 레버리지를 얻는다

3. 다른 메이커와 협력하며 시장을 확장한다

4. 게임이 진행되는 동안 지속적으로 이익을 얻는다

5. 실패해도 게임을 재설계할 수 있다

당신이 직장 생활을 한다면, 당신은 회사라는 게임판 위의 플레이어입니다. 회사의 규칙에 따라 열심히 일하고, 정해진 보상을 받습니다. 반면 그 회사의 설립자는 메이커입니다. 그는 게임의 규칙을 정하고, 시스템을 통해 부를 창출합니다.

투자의 세계도 마찬가지입니다. 대부분의 주식 투자자들은 플레이어로서 시장의 등락에 일희일비합니다. 하지만 증권사와 금융기관은 메이커로서 시장의 움직임과 상관없이 거래 수수료를 통해 안정적인 수익을 올립니다.

부의 게임에서 진정한 자유는 메이커에게만 있습니다.

플레이어는 게임에서 이기기 위해 끊임없이 노력해야 합니다. 그러나 메이커는 게임 자체에서 수익을 창출하므로, 직접 플레이하지 않아도 부를 축적할 수 있습니다.

제 경험을 나누자면, 초기 사업가 시절에는 모든 일을 직접 처리하느라 주 80시간 이상 일했습니다. 그러다 깨달은 것이 있습니다. 내가 없으면 사업이 돌아가지 않는다면, 그것은 사업이 아니라 '직업'에 불과하다는 것입니다.

진정한 전환점은 제가 시스템을 설계하기 시작했을 때였습니다. 영업 프로세스를 체계화하고, 자동화할 수 있는 부분은 모두 자동화했습니다. 인재를 영입해 각자의 역할을 명확히 정의했습니다. 1년 후, 제가 2주간 휴가를 가도 사업은 안벽하게 돌아갔습니다. 이것이 바로 플레이어에서 메이커로의 전환입니다.

돈을 버는 사람은 끊임없이 일해야 합니다. 돈을 설계하는 사람은 시스템이 대신 일하게 합니다. 실리콘밸리의 성공한 스타트업 창업자들을 보십시오. 그들은 처음부터 '확장 가능한 비즈니스 모델'을 구축합니다. 즉, 자신의 노동력을 팔지 않고, 시스템을 통해 부를 창출하는 구조를 만듭니다.

이제 당신에게 묻겠습니다. 당신은 지금 이 순간에도 누군가의 게임판에서 플레이어로 살고 있습니까? 아니면 자신만의 게임을 설계하는 메이커로 살고 있습니까?

당신이 지금 어떤 위치에 있든, 게임 메이커로의 전환은 가능합니다. 그리고 그 첫 번째 단계는 인식의 전환입니다. 부자가 되려면 돈을 많이 벌어야 한다는 생각에서 벗어나십시오. 진정한 부는 당신이 만든 시스템이 당신을 위해 일할 때 찾아옵니다.

디지털 전환 시대,
게임 메이커가 되지 못하면 가난해질 뿐입니다

2025년, 우리는 이미 생성 AI가 일상이 된 세계에 살고 있습니다. ChatGPT, Claude와 같은 AI 모델은 글을 쓰고, 코드를 작성하고, 이미지를 만들어냅니다. 전문직이라 여겨졌던 변호사, 회계사, 디자이너, 작가의 업무 상당 부분이 AI로 대체되고 있습니다.

세계경제포럼(WEF)은 2030년까지 인공지능(AI) 기술 보편화와 인구·지정학적 변화로 향후 5년간 일자리 1억 7,000만 개가 새로

생기는 동시에 9,200만 개 일자리는 사라질 것이라는 전망입니다. 이는 단순한 숫자의 변화가 아니라, 일의 본질적 성격과 필요한 역량이 근본적으로 달라진다는 의미입니다.

중요한 사실은 이 변화의 가장 큰 피해자는 '플레이어'라는 점입니다. 컴퓨터가 체스 그랜드마스터를 이기고, AI가 의사보다 정확한 진단을 내리는 시대에 우리는 어떻게 살아남을 수 있을까요? 답은 명확합니다.

게임 메이커가 되어야 합니다.

변화하는 세상에서 플레이어로 남는다면, 당신은 점점 더 치열한 경쟁 속에서 소득이 감소하는 것을 경험하게 될 것입니다. 이미 많은 중산층 직업이 사라지고 있으며, 앞으로 10년간 이 추세는 더욱 가속화될 것입니다.

AI와 자동화는 양날의 검입니다. 플레이어에게는 위협이지만, 메이커에게는 전례 없는 기회입니다. 적은 자본으로도 글로벌 시장에 진입할 수 있고, 소수의 인력으로도 대규모 비즈니스를 운영할 수 있게 되었습니다.

지금 우리가 마주한 선택은 단순합니다. 변화에 휩쓸려 경제적으로 더 어려워질 것인가, 아니면 변화를 활용해 게임 메이커로 거듭날 것인가? 당신의 선택이 바로 당신의 미래입니다.

플레이어로 남아 점점 좁아지는 경제적 파이 속에서 고군분투할 것인가, 메이커가 되어 새로운 부의 시스템을 설계할 것인가? 이제 그 어느 때보다 당신의 게임판을 설계할 시간입니다.

1장. 게임 메이커의 세계관

[메이커의 3가지 질문]
"나는 지금 누구의 판 위에 서 있는가?"

1. 지금 나는 플레이어인가, 메이커인가?
2. 내 수익은 시스템이 만들어주는가, 노동이 만들어주는가?
3. 내가 판을 짜지 않는다면, 누가 내 인생의 판을 짜는가?

Learning Note :

2장.

숨겨진 판의 법칙

보이지 않는 금융 게임의 룰

"돈이 어디서 오는지 아십니까?"

이 질문을 수백 명에게 던져봤지만, 정확히 답변할 수 있는 사람은 거의 없었습니다. 많은 사람들이 '중앙은행에서 찍어낸다'는 대답을 합니다. 맞는 말이지만, 그것은 빙산의 일각에 불과합니다.

우리가 매일 사용하는 돈은 누가, 어떤 규칙에 따라 만들어질까요? 현대 통화 시스템의 가장 충격적인 진실은 대부분의 돈이 정부나 중앙은행이 아닌, 시중 은행에 의해 창출된다는 사실입니다. 이것은 '부분지급준비제도'라는 시스템을 통해 이루어집니다. 은행은 예금의 일부만 보유하고, 나머지를 대출로 내줍니다. 대출된 돈은 다시 다른 계좌에 예금되고, 이 과정이 반복되면서 돈이 증식됩니다.

예를 들어 설명하겠습니다. 당신이 은행에 1,000만 원을 예금했다고 가정해 봅시다. 은행은 이 중 10%(지급준비율)인 100만 원만 보유하고, 900만 원을 다른 사람에게 대출해 줍니다. 이 대출금 900만 원은 다시 누군가의 계좌에 예금되고, 은행은 그 중 90만

원만 보유하고 810만 원을 또 대출합니다. 이런 식으로 원래 1,000만 원이 시스템에서 계속 순환하며 총 1억 원까지 확장될 수 있습니다.

이것이 바로 '화폐 승수 효과'입니다.

결국, 우리가 사용하는 돈의 대부분은 실제 화폐가 아닌 은행 시스템 내의 '계좌 잔고'에 불과합니다. 실물 화폐는 전체 통화량의 약 3~10% 정도밖에 되지 않습니다.

이 시스템에서 누가 이득을 볼까요? 당연히 돈을 창출할 수 있는 은행과 금융기관입니다. 그들은 단순한 플레이어가 아니라, 경제 게임의 핵심 룰을 만드는 메이커로서 엄청난 부를 축적해왔습니다.

2008년 글로벌 금융위기를 기억하십니까?

수많은 일반 가정이 집을 잃고, 직장을 잃었지만, 위기의 주범이었던 월스트리트 금융기관들은 어떻게 되었습니까? 그들은 '대마불사(Too Big to Fail)'라는 논리 하에 정부로부터 수천억 달러의 구제금융을 받았습니다. 이것이 바로 게임 메이커의 특권입니다.

최근에는 디지털 화폐와 블록체인 기술이 등장하면서 통화 시스템의 판이 다시 재편되고 있습니다. 비트코인과 같은 암호화폐는 기존의 중앙화된 통화 시스템에 도전장을 내밀었습니다. 새로운 게임 메이커들이 등장한 것입니다.

중앙은행 디지털 화폐(CBDC)의 개발도 가속화되고 있습니다. 이는 정부와 중앙은행이 디지털 시대에도 통화 발행 권한을 유지하기 위한 노력입니다. 게임의 룰을 지키려는 기존 메이커들의 움직임이라고 볼 수 있습니다.

화폐 시스템을 이해하는 것은 부의 게임에서 승리하기 위한 첫 번째 단계입니다.

당신이 은행에 1,000만 원을 예금하면, 그 돈으로 은행은 추가적인 900만 원의 돈을 창출하여 다른 사람에게 대출합니다. 그리고 그 대출에 대한 이자를 받습니다. 당신의 돈으로 돈을 만들어 이익을 얻는 것입니다. 이것이 바로 금융 게임의 숨겨진 룰입니다.

인플레이션도 마찬가지입니다. 화폐 가치가 하락하면 저축이나 고정 급여로 살아가는 사람들은 손해를 보지만, 부동산이나 주식과 같은 실물 자산을 보유한 사람들은 상대적으로 이득을 봅니다. 인플레이션은 단순한 경제 현상이 아니라, 부의 재분배 메커니즘입니다.

이런 게임의 룰을 아는 것과 모르는 것 사이에는 천지 차이가 있습니다. 금융 시스템의 숨겨진 룰을 이해하지 못하는 사람은 평생 플레이어로 남을 수밖에 없습니다. 반면, 이 룰을 이해하고 활용하는 사람은 메이커의 길로 나아갈 수 있습니다.

로스차일드, IMF, FRB···
판을 짠 사람들

"통화를 통제하는 자가 국가를 통제한다."

이는 19세기 유럽 최대 금융가문이었던 로스차일드 가문의 창시자 마이어 암셀 로스차일드의 말로 전해집니다. 그들은 어떻게 게임의 메이커가 되었을까요?

1815년, 워털루 전투에서 나폴레옹이 패배했다는 소식을 로스차일드 가문이 영국 정부보다 먼저 입수했습니다. 다른 투자자들은 영국이 패배했다고 생각하고 있을 때, 로스차일드는 이 정보를 활용해 영국 국채를 대량 매수했습니다. 전쟁에서 영국의 승리가 공식 발표되자, 그 국채 가치는 폭등했고, 로스차일드 가문은 하루 만에 어마어마한 부를 축적했습니다.

이는 단순한 투자 성공 사례가 아닙니다. 그들은 정보 비대칭성을 활용한 것입니다. 다른 사람들보다 중요한 정보를 먼저 알고, 그것을 활용해 게임의 룰을 자신에게 유리하게 만든 것입니다.

로스차일드 가문은 이후 유럽 전역에 금융 네트워크를 구축하고, 여러 국가의 중앙은행 설립에 관여했습니다. 그들은 단순히 돈을 버는 것이 아니라, 돈이 만들어지는 시스템 자체를 설계했습니다.

미국 연방준비제도(FRB)의 탄생 역시 게임 메이커들의 걸작입니다. 1910년, JP 모건, 록펠러 가문 등 당시 미국 금융계 거물들이 조지아주의 지킬 섬에서 비밀 회의를 가졌습니다. 이 회의의 결과로 1913년 미국 연방준비제도가 탄생했습니다. 흥미로운 점은 연방준비제도가 정부 기관이 아닌, 민간 은행들의 협의체 형태로 설계되었다는 점입니다.

오늘날 미국 달러는 세계 기축통화로서, 글로벌 경제의 근간을 이루고 있습니다. 달러를 통제하는 FRB는 사실상 세계 경제의 중심축이 되었습니다. 이것이 바로 게임 메이커의 힘입니다.

국제통화기금(IMF)과 세계은행도 마찬가지입니다.

제2차 세계대전이 끝날 무렵인 1944년, 미국 브레튼우즈에서 열린 회의에서 IMF와 세계은행이 설립되었습니다. 이 기관들은 표면적으로는, 국제 금융 안정과 개발도상국 지원을 위해 만들어졌습니다. 하지만 그 이면에는 미국을 중심으로 한 서방 국가들이 세계 경제 질서를 재편하려는 의도가 있었습니다.

특히 IMF는 경제 위기에 처한 국가들에게 구제금융을 제공하는 대신, 긴축 재정과 구조조정을 요구합니다. 이는 종종 해당 국가의 경제 주권을 제한하고, 서방식 자본주의 모델을 강요하는 형태로 나타났습니다.

1997년 한국 외환위기를 기억하십니까?

IMF의 구제금융을 받는 과정에서 한국은 금융 시장 개방, 공기업 민영화, 노동 시장 유연화 등 광범위한 경제 개혁을 요구받았습니다. 결과적으로 많은 기업이 도산하고, 대량 실업이 발생했습니다. 한국 사람들은 이 시기를 'IMF 위기'라고 부르지만, 사실 이것은 글로벌 금융 게임 메이커들에 의해 만들어진 '게임 룰 변경'의 결과였습니다. 위기 이후 한국 경제는 더욱 세계화되었고, 해외 자본의 영향력이 크게 확대되었습니다.

물론 이러한 변화가 모두 부정적인 것은 아닙니다. 한국 기업들의 글로벌 경쟁력이 강화되었고, 금융 시스템도 더욱 투명해졌습니다. 하지만 중요한 점은 이 모든 변화가 우리가 선택한 것이 아니라, 게임의 룰을 정하는 메이커들에 의해 주도되었다는 사실입니다.

현재는 새로운 게임 메이커들이 등장하고 있습니다.

중국은 일대일로 이니셔티브와 아시아인프라투자은행(AIIB)을 통해 자국 중심의 경제 질서를 구축하려 합니다. 실리콘밸리의 테크 기업들은 디지털 화폐를 통해 기존 금융 시스템에 도전장을 내밀고 있습니다. 각국 중앙은행들은 디지털 화폐(CBDC)를 개발하여 통화 주권을 유지하려 합니다.

이처럼 세계 경제는, 단순한 수요와 공급의 원리가 아니라, 다양한 세력들의 게임판 설계 경쟁의 결과물입니다. 이 게임의 룰을 이해하고 활용하는 사람만이 진정한 부를 창출할 수 있습니다.

플레이어가 침묵할 때, 메이커는 독단한다

우리 대부분은 지금까지 경제 시스템 속에서 플레이어로 살아왔습니다. 판을 설계하는 사람이 따로 있다는 사실조차 모른 채, 주어진 게임판 위에서 성실하게 움직이며 하루하루를 보내 왔습니다.

왜일까요?

여기서 흥미로운 통찰이 필요합니다.

의료 윤리학자 제이 카츠 박사는 《의사와 환자 사이 침묵의 세상》에서 이렇게 말했습니다.

"의사들은 환자의 신체적, 정서적 욕구를 살필 의무가 있다고 느꼈다. 그러나 의사결정을 내려야 할 때는 환자와 상의하지 않고 독단으로 해야 한다고 생각했다. 환자가 의사결정의 짐을 의사와 공유할 자격이 있을지 모른다는 생각은 결코 의료 윤리의 일부가 아니었다."

이 문장이 시사하는 바는 큽니다. 전문가가 선의로 판단하더라도, 환자는 자신의 생명과 직결된 선택을 스스로 하지 못한 채 침묵해야만 했던 것입니다. 의사들이 "환자를 위해" 결정했지만, 그 과정에서 환자의 참여권은 사라졌습니다.

경제 시스템도 마찬가지입니다.

금융 전문가들, 정책 입안자들, 기업 경영자들 역시 '국민 경제를 위해', '시장의 안정을 위해' 결정을 내립니다. 하지만 우리는 그들의 결정 과정에 참여하지 않습니다. 아니, 애초에 참여할 자격이 있다고 생각조차 하지 못했습니다.

그 결과, 플레이어는 침묵하고 메이커는 독단합니다.

침묵하는 플레이어는 스스로의 권리를 포기합니다. 자신이 어떤 게임판 위에 있는지, 그 판의 규칙이 무엇인지 모른 채, 주어진 선택지 중 하나를 고를 뿐입니다. 선택의 본질은 '선택지'가 아니라, 선택지를 설계하는 것 입니다.

당신이 플레이어로 남아 있는 한, 이 구조는 변하지 않습니다. 중요한 것은 이 침묵을 깰 용기입니다.

- 의료에서는 "공유된 의사결정"이 필요하듯,
- 경제에서는 "시민의 경제적 자율성"이 필요합니다.
- 금융 시스템에서도 당신은 더 이상 침묵하는 환자가 아니라, 참여하는 메이커가 되어야 합니다.

그때 비로소, 당신은 게임판의 설계자이자 시스템의 공동 창조자가 될 수 있습니다. 침묵을 거부하십시오. 침묵을 깨는 순간, 메이커의 문이 열립니다.

정치 뉴스로 부자가 될 수 없는 이유

선거철이 다가오면 사람들은 기대합니다.

"이번에 정권이 바뀌면 집값이 폭등할 거야."

"저 후보가 당선되면 주식이 박살 날 거야."

뉴스는 하루가 멀다 하고 정치권 소식을 쏟아냅니다. 사람들은 정치적 해석으로 경세를 예측하려 합니다. 하지만 역사는 분명하게 말하고 있습니다.

'정치적 해석은 부의 게임판을 읽는 도구가 될 수 없다.'

왜일까요?

첫째, 경제는 정치보다 훨씬 더 복잡합니다. 정치 뉴스 한 줄이 경제를 흔들 수도 있지만, 경제의 방향을 결정짓는 건 다층적인 글로벌 머니 플로우입니다. 금리, 유동성, 생산성, 기술 혁신, 인구 구조 등 정치보다 깊고 복잡한 시스템이 돈의 흐름을 좌우합니다.

둘째, 정치 예측은 끊임없이 빗나갑니다. "정권이 바뀌면 집값이 폭락할 것"이라던 전문가들이 번번이 틀리는 이유입니다. 정치적 이벤트는 강렬한 듯 보이지만, 실제 시장에서는 수많은 다른 변수들과 섞여 희석되는 게 다반사입니다.

셋째, 정치 뉴스는 플레이어를 현혹하는 미끼입니다. 정치적 혼란과 뉴스의 소음 속에서 메이커는 조용히 판을 설계합니다. 소음에 휘둘리는 플레이어는 급등락에 일희일비하지만, 메이커는 시스템을 믿고 갑니다. 결국 중요한 것은 정치적 해석이 아니라, 시스템적 사고입니다.

- 뉴스는 요란하지만, 돈의 흐름은 조용히 움직인다.
- 정치는 시끄럽지만, 메이커의 판은 차분하게 확장된다.
- 정치 이벤트에 휘둘릴 때, 메이커는 레버리지를 확장하고 안전마진을 확보한다.

정치적 해석은 당신을 예측의 함정에 빠뜨립니다. 메이커는 예측하지 않습니다. 시스템은 설계하고, 위기에 대응하며, 판을 키워갑니다. 플레이어는 정치 뉴스에 휘둘리고, 메이커는 판을 설계합니다.

뉴스는 왜 부정적인가:
소음에 휘둘리는 플레이어 vs. 신호를 읽는 메이커

뉴스를 보다 보면 이상하다는 생각이 들 것입니다. 왜 이렇게 세상이 나쁜 소식으로 가득할까? 금리가 오르고, 환율이 출렁이고, 전쟁 위기가 터졌다가, 정치권은 매일 싸움질입니다. 하루가 멀다 하고 쏟아지는 부정적 뉴스 속에서 플레이어는 늘 불안에 휩싸일 수 밖에 없습니다.

"경제가 무너지는 거 아닌가?"

"지금이라도 팔아야 하나?"

"다 망하는 건 아닐까?"

그러나 메이커는 이런 상황을 전혀 다르게 바라봅니다. 메이커는 뉴스의 소음을 뛰어넘어 시스템의 신호를 읽습니다.

그렇다면, 왜 뉴스는 긍정보다 부정에 집중할까요?

첫째, 인간 본능 때문입니다. 사람은 위험을 더 민감하게 감지하도록 설계되어 있습니다. 좋은 소식보다 나쁜 소식이 생존에 더 중요하기 때문입니다. 심리학에서는 이것을 '부정성 편향(Negativity Bias)'이라고 부릅니다. 사람들은 본능적으로 부정적인 정보에 더 빨리, 더 강하게 반응합니다.

둘째, 미디어의 경제 논리 때문입니다. 뉴스가 자극적일수록 클릭이 늘어납니다. 시청률이 올라가고, 광고 수익이 따라옵니다.

"경제 호황 지속" 같은 제목보다는 "경제 위기 재발 조짐"이라는 타이틀이 훨씬 더 많은 클릭을 유도합니다. 미디어는 생존을 위해 부정적 뉴스에 집중할 수밖에 없습니다.

셋째, 부정적 사건은 돌발적으로 찾아오기 때문입니다. 긍정적 변화는 천천히 축적되지만, 부정적 사건은 갑자기 터집니다. 경제 성장, 기술 발전은 서서히 이루어지지만, 금융위기, 전쟁, 사고는 순식간에 시장을 뒤흔듭니다. 속보 경쟁이 치열한 미디어에게는 이런 돌발적 부정 뉴스가 가장 빠르고 강력한 상품입니다.

이렇게 뉴스는 본능, 경제, 속도라는 세 가지 이유로 부정적 소식에 매달립니다.

그렇다면 메이커는 어떻게 행동해야 할까요?

플레이어는 뉴스의 소음에 휘둘리지만, 메이커는 시스템의 신호를 읽습니다.

플레이어는 부정적 뉴스에 일희일비하며 잘못된 선택을 반복합니다. 팔아야 할 때는 사고, 사야 할 때는 팔며 시장의 소음에 휘둘립니다. 그러나 메이커는 다릅니다. 메이커는 정치 뉴스와 경제 속보를 보고 당장 움직이지 않습니다. 메이커는 단기 뉴스가 아니라 장기 흐름과 구조적 변화를 봅니다. 눈앞의 소음보다 시스템이 어떻게 작동하는지, 돈의 흐름이 어디로 향하는지를 읽습니다.

뉴스는 언제나 요란합니다. 하지만 돈은 조용히 움직입니다. 메이커는 시끄러운 뉴스 속에서도 조용히 판을 확장합니다. 소음에 반응하는 플레이어가 되지 말고, 신호를 읽는 메이커가 되어야 합니다. 뉴스는 당신을 플레이어로 만들지만, 시스템은 당신을 메이커로 만듭니다.

정치인은 위기에서 새로운 판을 짠다: 메이커와 플레이어의 시각 차이

뉴스에서는 위기가 넘쳐납니다. "경제 위기", "사회 불안", "계엄 검토" 같은 키워드가 헤드라인을 장식합니다. 이럴 때 플레이어들은 불안해하고, 각자의 선택지를 점점 좁혀갑니다. 그러나 메이커, 특히 정치인들은 이 순간을 다르게 바라봅니다.

정치인들은 메이커입니다. 그들은 위기를 단순한 위험이 아니라, 새로운 판을 짤 기회로 인식 합니다. 2017년 한국 사회를 강타한 계엄 검토 사건이 이를 잘 보여줍니다.

국정농단으로 인해 대통령 탄핵 심판이 진행되던 시기, 청와대와 군 내부에서는 탄핵이 인용될 경우 사회 혼란을 이유로 계엄 선포를 검토했습니다.

이때 정치인 메이커들의 시각은 이랬습니다.

- 플레이어는 혼란을 걱정했다. "나라가 어떻게 되는 거지?"
- 메이커는 판을 바꿀 기회를 생각했다. "지금, 우리가 판을 다시 짤 수 있다."

계엄은 단순히 질서를 유지하는 수단이 아닙니다. 그것은 기존 질서를 잠시 정지시키고 새로운 권력 구조를 설계할 수 있는 메이커의 도구입니다. 플레이어는 계엄을 두려워하지만, 메이커는 계엄을 통해 시스템의 주도권을 다시 쥐려 합니다. 이것이 바로 메이커와 플레이어의 본질적 차이입니다.

플레이어는 규칙이 주어지면 그 규칙을 따릅니다. 메이커는 필요하다면 규칙 자체를 바꾸고, 때로는 판을 새로 짭니다. 뉴스를 소비할 때도 이 차이는 뚜렷하게 드러납니다.

정치 뉴스 속 플레이어	정치 뉴스 속 메이커
"경제가 어떻게 되지?" 불안에 빠진다.	"지금 판을 새로 짤 기회다."
위기 = 피해야 할 위험	위기 = 활용할 기회
뉴스에 반응한다.	뉴스를 설계한다.
시스템 안에서 선택지만 찾는다.	시스템 자체를 바꾼다.

정치적 위기는 메이커에게는 단순한 불안이 아닙니다. 그들은 판이 요동칠 때마다 새로운 기회를 모색합니다. 어떤 룰이 더 유리할지 계산하고, 기존 질서가 멈춰선 사이에 새로운 게임판을 깔 준비를 합니다.

이 책 『부의 게임 메이커』가 전하는 메시지는 명확합니다.

"계획이 틀릴 때 어떤 선택을 하느냐가 진짜 메이커를 가른다."

플레이어는 계획이 틀리면 멈추지만, 메이커는 위기 속에서 판을 다시 짜는 사람들입니다. 정치 뉴스에 나오는 사건들은 플레이어에겐 소음이지만, 메이커에겐 시그널입니다. 당신이 뉴스를 볼 때마다 스스로에게 물어 보십시오.

"나는 이 뉴스를 플레이어로 해석하는가, 메이커로 해석하는가?"

플레이어는 뉴스에 반응하지만, 메이커는 뉴스를 설계합니다.

당신은 자신만의 게임판을 설계할 준비가 되어 있습니까?

금융 게임의 숨겨진 룰을 배우는 것은 쉽지 않습니다. 그것은 의도적으로 복잡하게 만들어져 있기 때문입니다. 하지만 이 룰을 이해하는 것은, 플레이어에서 메이커로 거듭나기 위한 필수 과정입니다.

기억하십시오. 돈은 단순한 교환 수단이 아닙니다. 그것은 인간이 만든 가장 강력한, 그리고 가장 복잡한 '게임'입니다. 그리고 이 게임에서 룰을 아는 자가 승리합니다.

다음 장에서는 '노력'만으로 부자가 될 수 없는 이유와, 시스템을 이해하고 활용하는 방법에 대해 알아보겠습니다.

2장. 숨겨진 판의 법칙

[한 줄 핵심 메시지]
"판을 알면 두려움이 사라진다"

게임판은 복잡하게 보이지만, 룰을 아는 순
간 단순해진다.

Learning Note :

3장.

'노력'만으로
부자가 될 수 없는 이유

시스템을 모르면
시스템의 노예가 된다

"더 열심히 일하세요, 그러면 성공할 수 있습니다."

우리는 어린 시절부터 이런 말을 수없이 들으며 자랐습니다. 부모님, 선생님, 사회 모두가 '노력'의 가치를 강조했습니다. 물론 노력은 중요합니다. 하지만 노력만으로 부자가 될 수 있을까요?

현실을 직시합시다.

전 세계에서 가장 힘들게 일하는, 하루 12시간씩 주 6일 땀 흘리는 광부, 공장 노동자, 건설 노동자들이 부자가 되었다는 이야기를 들어보셨나요? 아마 그런 사례는 거의 없을 것입니다.

반면, 하루에 몇 시간만 일하면서도 엄청난 부를 축적한 사람들은 어떨까요? 부동산 재벌, 투자자, 기업가들이 그 예입니다. 그들은 노력의 양보다 시스템의 설계에 집중했습니다.

'노력'의 함정에 빠진 사람들의 공통점은 무엇일까요?

첫째, 그들은 시간과 노력을 돈과 교환합니다. 즉, 일한 시간만큼 보상을 받는 구조에 갇혀 있습니다. 하루는 24시간뿐이므로, 이 방식으로는 소득의 상한선이 정해질 수밖에 없습니다.

둘째, 그들은 자신의 노력으로 만든 가치의 일부만 받습니다. 회사원이라면 자신이 창출한 가치의 상당 부분은 기업의 이익, 주주의 배당금으로 돌아갑니다. 자영업자라면 임대료, 재료비, 세금 등을 제외하면 실제 수익은 크게 줄어듭니다.

셋째, 그들은 인플레이션, 세금 정책, 경기 변동과 같은 거시적 요인에 무방비 상태입니다. 아무리 열심히 저축해도 인플레이션으로 돈의 가치가 하락하면 실질 자산은 줄어듭니다.

2008년 금융 위기를 생각해보세요. 수많은 근면 성실한 직장인과 자영업자들이 파산했습니다. 그들이 게으르거나 능력이 없어서 파산한 것일까요? 아닙니다. 그들은 단지 시스템의 변화에 적응하지 못한 것입니다.

노력이 보상받지 못하는 더 근본적인 이유는 경제 시스템 자체에 있습니다.

현대 자본주의는 '자본의 수익률(r)'이 '경제 성장률(g)'보다 높은 구조로 설계되어 있습니다. 이것이 바로 프랑스 경제학자 토마 피케티가 『21세기 자본』에서 지적한 'r > g' 공식입니다.

쉽게 설명하자면, 노동을 통해 벌어들인 돈(급여)보다 자산이 벌어들이는 돈(이자, 배당, 임대료)이 더 빠르게 증가한다는 뜻입니다. 이러한 구조에서는 이미 자본을 가진 사람들이 더 빨리, 더 많은 부를 축적하게 됩니다.

부동산 시장을 예로 들어보겠습니다. 서울의 한 아파트 가격이 매년 7%씩 오르는 상황에서, 직장인의 연봉은 3% 정도만 오른다고 가정해봅시다. 이 상황에서 열심히 저축하는 것만으로 아파트를 살 수 있을까요? 사실상 불가능합니다. 아파트 가격의 상승 속도가 저축 속도보다 빠르기 때문입니다.

이것이 바로 '노력'만으로 부자가 될 수 없는 핵심 이유입니다.

이런 환경에서 단순히 '더 열심히 일하라'는 조언은 시대착오적입니다. AI가 24시간 쉬지 않고 일할 수 있는데, 우리가 어떻게 '노력'만으로 경쟁할 수 있을까요?

진정한 부의 창출은 시스템을 이해하고 설계하는 데서 시작됩니다. 부자들은 자신의 노력으로 돈을 버는 것이 아니라, 시스템을 통해 돈이 자신에게 흘러들어오도록 설계합니다. 그들은 레버리지를 활용합니다. 레버리지는 적은 노력으로 큰 결과를 만들어내는 원리입니다. 부자들이 활용하는 대표적인 레버리지는 다음과 같습니다:

1. **타인의 시간과 노력**: 기업가는 직원들의 노력을 통해 가치를 창출합니다.
2. **타인의 자본**: 투자자는 다른 사람들의 돈을 모아 더 큰 수익을 창출합니다.
3. **시스템과 프로세스**: 프랜차이즈 사업자는 표준화된 시스템을 통해 확장 가능한 수익 모델을 구축합니다.
4. **기술과 자동화**: 소프트웨어 개발자는 한 번 만든 프로그램을 무한히 복제하여 판매할 수 있습니다.

빌 게이츠는, "나는 열심히 일하는 사람을 고용하지 않는다. 나는 게으르면서도 어려운 일을 쉽게 처리하는 방법을 찾는 사람을 고용한다"고 말했습니다. 이것이 바로 시스템 사고의 핵심입니다.

시스템을 모르면 시스템의 노예가 됩니다.

IMF 외환위기 당시 저는 남대문 시장에서 악착같이 장사를 했습니다. 매일 14시간씩 일했지만, 환율이 하루아침에 두 배로 뛰면서 외상값을 갚을 수 없게 되었습니다. 그때 깨달았습니다. 내가 아무리 열심히 일해도, 시스템의 변화 앞에서는 너무나 취약하다는 것을요.

그 후 저는 단순히 일하는 방식이 아니라, 돈이 움직이는 방식, 경제가 작동하는 시스템을 공부하기 시작했습니다. 그렇게 플레이어에서 메이커로의 전환이 시작되었습니다.

시스템의 노예가 되지 않으려면, 먼저 시스템을 이해해야 합니다. 금융, 세금, 법률, 기술 트렌드 등에 대한 기본적인 이해 없이는 자신만의 게임판을 설계할 수 없습니다.

노력의 방향이 중요합니다.

노력이 중요하지 않다는 것이 아닙니다. 노력의 방향이 중요하다는 것입니다. 시스템을 이해하고 설계하는 데 노력을 집중하십시오. 매일 반복되는 일상 업무에 모든 에너지를 쏟지 말고, 시스템 구축에 시간을 투자하십시오.

성공한 기업가들은 대부분 초기에는 엄청난 노력을 기울입니다. 하지만 그 노력은 단순히 '열심히 일하는 것'이 아니라, '확장 가능한 시스템을 구축하는 것'에 집중되어 있습니다.

월마트의 창업자 샘 월튼, 아마존의 창업자 제프 베조스, 애플의 창업자 스티브 잡스. 그들 모두 단순히 열심히 일한 것이 아니라, 혁신적인 비즈니스 시스템을 설계했습니다.

시스템 없는 노력은 쳇바퀴와 같습니다.

　열심히 달려도 제자리인 쳇바퀴 같은 삶에서 벗어나려면, 시스템을 이해하고 활용해야 합니다. 이것이 바로 플레이어에서 메이커로 거듭나는 첫 번째 단계입니다.

당신의 현재 위치 셀프 체크

지금부터 자신의 현재 위치를 점검해보겠습니다. 아래 질문에 솔직하게 답하면서, 당신이 플레이어인지 메이커인지 확인해보세요.

1. 수입 구조 체크

- 내 수입은 대부분 내가 직접 일한 시간에 비례한다.
- 내가 일하지 않으면 수입이 즉시 중단된다.
- 월급 외에 다른 소득원이 거의 없다.
- 매년 수입이 물가상승률 이상으로 증가하지 않는다.

위 항목에 3개 이상 체크했다면, 당신은 '시간-돈 교환' 함정에 빠져 있는 전형적인 플레이어입니다.

2. 자산 구조 체크

- 자산 대부분이 현금이나 예금 형태로 있다.
- 보유한 자산이 나에게 일하는 자산이 아니라 내가 관리해야 하는 자산이다.

- 인플레이션을 고려했을 때 자산 가치가 실질적으로 증가하지 않는다.
- 자산이 추가 소득을 창출하지 않는다.

위 항목에 3개 이상 체크했다면, 당신은 자산 구조를 재설계해야 합니다.

3. 시스템 이해도 체크

- 세금 제도와 법률에 대한 이해가 부족하다.
- 금융 상품과 투자 원리에 대해 제대로 알지 못한다.
- 경제 시스템과 돈의 흐름에 대한 이해가 부족하다.
- 디지털 전환과 새로운 비즈니스 모델에 대한 지식이 제한적이다.

위 항목에 3개 이상 체크했다면, 당신은 시스템 지식을 강화해야 합니다.

4. 레버리지 활용도 체크

- 대부분의 일을 직접 처리한다.
- 효율적인 시스템과 프로세스가 구축되어 있지 않다.
- 다른 사람의 시간과 역량을 활용하지 못한다.
- 기술과 자동화를 적극적으로 활용하지 않는다.

위 항목에 3개 이상 체크했다면, 당신은 레버리지를 충분히 활용하지 못하고 있습니다.

5. 마인드셋 체크

- '열심히 일하면 언젠가 성공할 것'이라고 믿고 있다.
- 단기적인 소득에 집중하고 장기적인 시스템 구축은 미루고 있다.
- 직장 안정성을 최우선으로 여긴다.
- 새로운 시도보다 익숙한 방식을 선호한다.

위 항목에 3개 이상 체크했다면, 당신은 플레이어 마인드셋에 갇혀 있습니다. 이제 당신의 점수를 확인해보세요. 총 20개 항목 중 몇 개에 체크했나요?

- 0~5개: 축하합니다! 당신은 이미 메이커의 길을 걷고 있습니다.
- 6~10개: 메이커로 가는 과정 중에 있습니다. 부족한 부분을 보완하세요.
- 11~15개: 전형적인 플레이어입니다. 변화가 필요합니다.
- 16~20개: 시스템의 노예 상태입니다. 근본적인 인식 전환이 필요합니다.

걱정하지 마세요. 지금의 위치는 중요하지 않습니다. 중요한 것은 앞으로 어디로 향할 것인가입니다. 우리 모두는 처음에는 플레이어에서 시작합니다. 저 역시 오랫동안 플레이어였습니다. 하지만 시스템을 이해하고 설계하는 법을 배우면서 점차 메이커로 변화했습니다. 당신도 할 수 있습니다.

운이 올 때까지
시스템을 멈추지 마라

사람들은 종종 묻습니다.

"왜 저 사람은 부자가 되었을까? 노력은 나도 만만치 않았는데."

여기엔 불편한 진실이 있습니다.

"큰 부자는 하늘이 낸다."

그 어떤 시대, 어떤 시장에서도 운이 개입되지 않는 성공은 존재하지 않습니다. 하지만 메이커는 알고 있습니다. 운이라는 것은 통제할 수 없는 영역이지만, 준비된 시스템만이 그 운을 기회로 바꿀 수 있다는 것을.

"운은 계획대로 오지 않는다. 하지만 준비된 시스템은 운이 올 때를 놓치지 않는다."

플레이어는 운이 오기만을 바라며 기다립니다. 그러나 메이커는 시스템을 멈추지 않습니다. 시스템을 계속 가동시키며, 운이 시스템 위에 내려앉기를 기다립니다.

- 운이 없다고 낙담하지 않는다.
- 운이 올 때까지 시스템을 지키고, 다듬고, 확장한다.
- 운이 왔을 때 놓치지 않도록 준비한다.

실제로 세계적인 투자자들도 이 전략을 따릅니다. 그들은 한 방의 기회를 위해 무모하게 베팅하지 않습니다. 오히려 평소에는 작은 성공들을 쌓으며 시스템을 유지하고, 기회가 찾아올 때 준비된 시스템으로 폭발적인 수익을 만듭니다.

기억하십시오.

운은 메이커에게만 미소를 짓습니다. 당신이 시스템을 멈추지 않는다면, 언젠가 하늘은 당신의 판 위에 기회를 내려줄 것입니다.

이제 당신은 '노력'만으로 부자가 될 수 없는 이유를 알게 되었습니다. 다음 장에서는 실제로 당신만의 게임판을 읽고 설계하는 방법을 배우게 될 것입니다. 플레이어에서 메이커로 전환하는 여정은 이제 막 시작됐습니다.

3장. 노력만으로 부자가 될 수 없는 이유

[메이커의 3가지 질문]
"내 노력은 시스템으로 연결되고 있는가?"

1. 내 노동이 멈추면 수익도 멈추는가?
2. 내 수익은 복리로 증폭되는 구조인가?
3. 내 노력은 시스템 구축에 투자되고 있는
   가?

Learning Note :

Part 2.

판 읽기 & 설계의 기술

4장

게임판 분석법: 돈의 흐름을 읽는 기술

글로벌 금융 시스템 이해하기

"돈은 물과 같다. 어디로 흘러가는지 알아야 한다."

제가 IMF 위기 이후 가장 먼저 배운 교훈입니다. 그 당시 갑작스러운 환율 변동으로 많은 기업과 개인이 파산했지만, 일부는 오히려 큰 부를 축적했습니다. 그 차이는 무엇이었을까요? 바로 돈의 흐름을 미리 읽고 대비했느냐의 차이였습니다.

글로벌 금융 시스템은 거대한 강과 같습니다. 그 흐름을 이해하지 못하면 언제든 휩쓸려 갈 수 있습니다. 반면, 흐름을 이해하면 그 강을 따라 목적지까지 빠르게 이동할 수 있습니다.

글로벌 금융 시스템의 핵심 구성 요소는 무엇일까요?

1. 중앙은행과 통화 정책: 미국 연방준비제도(FRB), 유럽중앙은행(ECB), 일본은행(BOJ), 한국은행 등 각국 중앙은행은 기준금리 조정, 양적완화, 외환시장 개입 등을 통해 통화 흐름을 조절합니다. 이들의 결정은 전 세계 자산 가격과 환율에 직접적인 영향을 미칩니다.

2. 국제금융기구: IMF, 세계은행, BIS(국제결제은행) 등은 국제 금융 시스템의 안정성을 유지하고 글로벌 금융 규제를 조율합니다. 특히 IMF는 경제 위기 시 구제금융을 제공하면서 해당 국가의 경제 정책에 강력한 영향력을 행사합니다.

3. 상업은행과 투자은행: JP모건, 골드만삭스, 씨티그룹 등 글로벌 금융기관은 국경을 넘나들며 자본을 이동시키고, 기업 인수합병과 주식 발행을 주도합니다. 이들의 투자 결정은 시장 전체의 방향성을 좌우하기도 합니다.

4. 글로벌 자본 시장: 뉴욕, 런던, 도쿄, 홍콩 등의 금융 허브를 중심으로 24시간 쉬지 않고 돈이 이동합니다. 주식, 채권, 외환, 파생상품 시장에서 일일 거래량은 수조 달러에 달합니다.

5. 헤지펀드와 사모펀드: 블랙록, 브릿지워터, KKR 같은 대형 자산 운용사들은 수천억 달러 규모의 자금을 운용하며, 이들의 투자 결정은 개별 기업이나 국가 경제에 큰 영향을 미칩니다.

6. 핀테크와 디지털 화폐: 페이팔, 스트라이프, 앤트파이낸셜 같은 핀테크 기업들과 비트코인, 이더리움 같은 암호화폐는 전통적인 금융 시스템을 변화시키고 있습니다. 중앙은행 디지털 화폐(CBDC) 개발도 가속화되고 있습니다.

이 거대한 시스템에서 돈은 어떻게 흘러갈까요?

가장 기본적인 패턴은 '위험과 수익률'의 균형을 찾아 이동하는 것입니다. 불확실성이 커지면 자본은 안전자산(미국 국채, 금, 엔화 등)으로 몰립니다. 반대로 경기가 호황이고 위험 선호 심리가 강해지면 신흥국 시장, 주식, 고위험 채권으로 자금이 이동합니다.

또 다른 중요한 패턴은 금리 차이를 따라 이동하는 것입니다. 예를 들어, 미국 연준이 금리를 인상하면 글로벌 자금이 미국으로 몰려들고, 이는 달러 강세와 신흥국 통화 약세로 이어집니다. 2023-24년 미국의 금리 인상 사이클에서 우리는 이 현상을 뚜렷하게 목격했습니다.

지정학적 요인도 자금 흐름에 큰 영향을 미칩니다. 러시아-우크라이나 전쟁, 미-중 무역 갈등, 중동 분쟁 등은 에너지, 원자재 가격과 금융 시장에 직접적인 충격을 줍니다.

이런 거시적 흐름이 개인의 부에 어떤 영향을 미칠까요?

2022년, 미국 연준이 인플레이션 억제를 위해 급격히 금리를 인상했습니다. 그 결과 글로벌 주식과 채권 시장이 동반 하락하는 이례적인 현상이 발생했습니다. 많은 투자자들이 자산 가치 하락으로 큰 손실을 입었습니다.

하지만 일부 투자자들은 달러 강세를 예측하고 미리 달러 자산으로 포트폴리오를 재구성했습니다. 또 일부는 금리 상승에 주목해 단기 국채에 투자하거나, 변동금리 대출을 고정금리로 전환했습니다. 이들은 위기에서 자산을 지키고, 일부는 오히려 수익을 냈습니다.

인플레이션이 화두였던 2021-23년, 많은 사람들이 현금 자산의 가치 하락에 직면했습니다. 하지만 부동산, 원자재, 인플레이션 연동 채권(TIPS) 등에 투자한 사람들은 실질 자산 가치를 보존하거나 오히려 증가시켰습니다.

글로벌 금융 시스템의 흐름을 읽는 방법은 무엇일까요?

첫째, 기준금리와 중앙은행 정책을 주시하세요. 특히 미국 연준의 결정은 글로벌 자금 흐름의 방향을 결정짓는 가장 중요한 요소입니다. FOMC(연방공개시장위원회) 회의 결과와 의사록, 연준 의장의 발언은 향후 금융 시장의 방향성을 예측하는 핵심 단서입니다.

둘째, 글로벌 경기 사이클을 파악하세요. 경기는 확장, 고점, 수축, 저점의 사이클을 반복합니다. 각 단계마다 어떤 자산 클래스가 상대적으로 좋은 성과를 내는지 이해하면, 자산 배분 전략을 효과적으로 수립할 수 있습니다.

셋째, 지정학적 리스크를 모니터링하세요. 강대국 간 긴장, 자원을 둘러싼 갈등, 무역 분쟁 등은 예상치 못한 시장 변동을 일으킬 수 있습니다. 이러한 리스크를 미리 파악하고 포트폴리오에 반영하는 것이 중요합니다.

넷째, 산업과 기술의 변화 추세를 주시하세요. 디지털 전환, 인공지능, 친환경 에너지로의 전환 등 큰 흐름은 자본의 이동 방향을 결정짓습니다. 2020년대 AI 붐을 타고 엔비디아, AMD 같은 기업의 주가가 폭등한 것이 좋은 예입니다.

마지막으로, 현명한 정보원을 확보하세요. 파이낸셜 타임스, 월스트리트 저널, 이코노미스트 같은 신뢰할 수 있는 경제 매체와 IMF, BIS 등 국제기구의 보고서, 메인 투자증권이나 블랙록 같은 주요 투자기관의 전망을 정기적으로 확인하는 습관을 들이세요.

기억하세요, 글로벌 금융 시스템을 완벽하게 예측하는 것은 불가능합니다. 심지어 노벨 경제학상을 받은 경제학자들도 금융 위기를 예측하지 못하는 경우가 많습니다. 중요한 것은 큰 흐름을 이해하고, 다양한 시나리오에 대비하는 유연한 전략을 갖추는 것입니다.

내 돈의 흐름 시각화 (워크시트)

글로벌 금융 시스템을 이해하는 것도 중요하지만, 그보다 더 중요한 것은 내 돈의 흐름을 정확히 파악하는 것입니다. 많은 사람들이 자신의 수입과 지출, 자산과 부채에 대해 막연하게만 알고 있습니다. 이는 마치 지도 없이 낯선 도시를 여행하는 것과 같습니다.

게임 메이커가 되기 위한 첫 번째 단계는 바로 내 돈의 흐름을 명확하게 시각화하는 것입니다. 지금부터 함께 워크시트를 작성해 보겠습니다.

1. 수입 흐름 분석

아래 표에 지난 6개월간의 월별 수입을 모두 적어보세요.

수입원	월 평균 금액	성장률	안정성 (1~10)	확장 가능성 (1~10)
월급				
부업				
투자 수익				
임대 수입				
기타				
합계				

이제 각 수입원에 대해 다음을 평가해 보세요:

- 성장률: 지난 1년간 증가율은 얼마인가요?

- 안정성: 경기 변동이나 외부 요인에 얼마나 영향을 받나요?

(10이 가장 안정적)

- 확장 가능성: 추가 노력이나 투자로 얼마나 증가시킬 수 있나요? (10이 가장 확장성 높음)

핵심 질문:

- 수입의 몇 %가 내가 직접 일하지 않아도 발생하나요?
- 가장 안정적인 수입원은 무엇인가요?
- 가장 확장 가능성이 높은 수입원은 무엇인가요?

2. 지출 흐름 분석

다음으로 지출 패턴을 분석해 보겠습니다.

지출 항목	월 평균 금액	필수성 (1~10)	가치 창출 (1~10)	자동화 가능성 (1~10)
주거비				
식비				
교통비				
통신비				
교육/자기계발				
여가/취미				
보험/의료				
저축/투자				
기타				
합계				

각 항목에 대해 다음을 평가하세요:

- 필수성: 얼마나 필수적인 지출인가요? (10이 가장 필수적)
- 가치 창출: 이 지출이 장기적으로 얼마나 가치를 창출하나요?

(10이 가장 가치 높음)

- 자동화 가능성: 정기 자동이체 등으로 자동화할 수 있나요?

(10이 가장 자동화 쉬움)

핵심 질문:

- 지출의 몇 %가 자산 형성이나 가치 창출에 기여하나요?
- 줄일 수 있는 지출은 무엇인가요?
- 자동화할 수 있는 지출은 무엇인가요?

3. 자산 흐름 분석

이제 자산의 구성과 흐름을 살펴보겠습니다.

자산 유형	현재 가치	연간 수익률	유동성(1~10)	위험도(1~10)
현금/예금				
주식				
채권				
부동산				
암호화폐				
사업체				
기타				
합계				

각 자산에 대해 다음을 평가하세요:

- 연간 수익률: 지난 1-3년간의 평균 수익률은 얼마인가요?
- 유동성: 얼마나 빨리 현금화할 수 있나요? (10이 가장 유동성 높음)
- 위험도: 가치 변동이 얼마나 큰가요? (10이 가장 위험함)

핵심 질문:

- 자산의 몇 %가 passive income(수동적 소득)을 창출하나요?
- 인플레이션을 고려했을 때, 실질 자산 가치는 증가하고 있나요?
- 자산 배분이 위험과 수익, 유동성 측면에서 균형 잡혀 있나요?

4. 부채 흐름 분석

마지막으로 부채 상황을 분석해 보겠습니다.

부채 유형	잔액	이자율	월 상환액	생산적 부채 (1~10)
주택담보대출				
개인대출				
신용카드				
학자금대출				
자동차대출				
사업자대출				
기타				
합계				

각 부채에 대해 다음을 평가하세요:

- 생산적 부채: 이 부채가 얼마나 자산 형성이나 소득 창출에 기여하나요? (10이 가장 생산적)

핵심 질문:

- 부채의 몇 %가 생산적인 목적으로 사용되고 있나요?
- 현재 금리 환경에서 재융자나 조기 상환이 유리한 부채는 무엇인가요?
- 부채 상환 계획은 현실적이고 체계적인가요?

5. 통합 현금 흐름 다이어그램

위의 모든 정보를 종합하여, 아래 다이어그램을 그려보세요. 화살표의 두께는 금액의 크기를 나타냅니다.

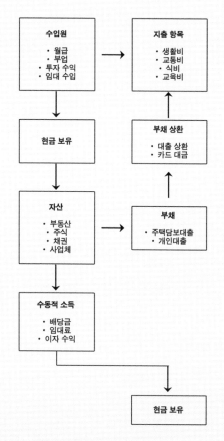

이 다이어그램을 통해 다음을 분석하세요:

- 현금이 주로 어디서 들어오고 어디로 나가나요?
- 자산에서 발생하는 수동적 소득은 얼마나 되나요?
- 부채 상환에 월 수입의 몇 %가 사용되나요?
- 순 자산(자산 - 부채)은 증가하고 있나요?

돈의 흐름 최적화 전략

자신의 돈 흐름을 분석한 후, 다음 질문에 답해보세요.

1. 수동적 소득을 늘리기 위해 어떤 자산에 더 투자할 수 있을까요?

2. 어떤 지출을 줄이거나 제거할 수 있을까요?

3. 어떤 부채를 우선적으로 상환하거나 재구조화해야 할까요?

4. 현재 시장 환경에서 자산 배분을 어떻게 조정해야 할까요?

5. 기존 수입원 외에 새로운 수입원을 어떻게 창출할 수 있을까요?

개인 현금 흐름 최적화의 핵심 원칙

1. **수입의 다각화**: 다양한 원천에서 수입이 발생하도록 하세요. 특히 수동적 소득의 비중을 늘리세요.

2. **가치 창출 지출 우선**: 지출은 최대한 자산 형성이나 역량 강화에 집중하세요.

3. **자산의 생산성 극대화**: 모든 자산이 수익을 창출하거나 가치가 증가하도록 관리하세요.

4. **부채의 전략적 활용**: 부채는 두려워할 대상이 아니라, 레버리지로 활용할 수 있는 도구입니다. 단, 생산적인 목적으로만 활용하세요.

5. **자동화와 시스템화**: 수입, 지출, 저축, 투자가 자동으로 이루어지도록 시스템을 구축하세요.

돈의 흐름 관리는 생각보다 어렵지 않습니다.

중요한 것은 정확한 현황 파악과 주기적인 점검입니다. 이 워크시트를 분기마다 한 번씩 업데이트하면서, 점차 돈의 흐름을 최적화해 나가세요.

불확실성은 메이커의 입장료다:
심리적 수수료를 받아들이는 법

게임판을 설계하는 데 있어서 우리는 종종 중요한 사실을 간과합니다. 바로, 설계자 역시 불확실성의 대가를 치러야 한다는 것 입니다. 메이커가 된다고 해서 불확실성과 공포로부터 완전히 자유로울 수는 없습니다. 오히려 메이커일수록 그 대가는 더 클 수 있습니다.

하지만 중요한 것은 이 대가를 어떻게 받아들이느냐 입니다.

많은 사람들은 투자에서 손실이 나거나 시장이 급변하면 "내가 뭔가 잘못했나?"라고 자책합니다. 마치 게임판 위의 플레이어처럼 말이죠. 하지만 저는 IMF 위기 때부터 깨달았습니다. 시장의 변동성, 경제의 불확실성은 잘못에 대한 벌금이 아니라, 게임 메이커로서의 수수료 입니다.

다시 말해, 플레이어는 규칙을 따르다가 실수하면 벌금을 내지만, 메이커는 판을 짜면서 수수료를 냅니다.

이 수수료는 눈에 보이는 달러나 원화가 아닙니다. 대신 이런 형태로 우리에게 청구됩니다.

- 시장이 요동칠 때 찾아오는 공포
- 미래를 알 수 없다는 불확실성
- 선택의 순간마다 마주하는 후회
- 예상치 못한 상황에서 느끼는 불안감

이 모든 것은 메이커가 치러야 할 심리적 수수료입니다. 그리고 이 수수료를 피하려고 하면 판을 짤 수 없습니다. 이 수수료를 내는 것을 꺼리는 순간, 우리는 다시 플레이어로 돌아갑니다. 플레이어는 불확실성을 피하려 하지만, 메이커는 불확실성을 받아들이고 설계 합니다.

워렌 버핏이 말했습니다.

"위대한 투자자는 시장의 공포를 담담히 견디는 자다."

바로 그 태도입니다.

당신이 어떤 게임판을 설계하든, 변동성과 불확실성이라는 입장료를 지불할 준비가 되어 있어야 합니다. 그렇지 않으면 판을 짜는 도중 공포에 사로잡혀 멈춰버리게 됩니다. 그러나 이 심리적 수수료를 '불가피한 비용'으로 인식하고 감내하는 순간, 당신은 비로소 메이커의 자격을 얻게 됩니다.

시장은 계속 요동칠 것입니다. 당신이 만든 시스템도 완벽하지 않을 것입니다. 하지만 괜찮습니다. 게임 메이커는 실패를 통해 더 나은 판을 설계하는 사람입니다.

플레이어는 결과에 집착하지만, 메이커는 시스템에 집중합니다.

이제 묻겠습니다.

당신은 게임판을 짤 준비가 되어 있습니까? 그렇다면, 불확실성이라는 수수료를 기꺼이 지불하십시오. 그 수수료가 바로 메이커의 티켓입니다.

게임 메이커는 막연한 계획이 아니라, 데이터에 기반한 명확한 전략을 세웁니다. 당신의 돈 흐름을 시각화하고 최적화하는 것은, 자신만의 게임판을 설계하는 첫 번째 단계입니다.

다음 장에서는 이 데이터를 바탕으로 실제 게임판을 5단계로 설계하는 방법을 알아보겠습니다

4장. 게임판 분석법: 돈의 흐름을 읽는 기술

[메이커의 3단계 공식]
돈의 흐름을 읽는 3단계 프로세스

1. 글로벌 머니 플로우를 이해하라
2. 내 돈의 흐름을 시각화하라
3. 소음이 아닌 신호에 집중하라

Learning Note :

5장.
나만의 게임판 설계: MONEY 프레임 5단계

"인생은 자신만의 게임판을 만들 수 있는 사람이 승리한다."

많은 사람들이 남이 만든 게임판에서 경쟁하느라 지쳐갑니다. 하지만 진정한 부자는 자신만의 게임판을 설계하고, 그 안에서 자신의 규칙으로 플레이합니다. 4장에서 우리는 돈의 흐름을 읽는 법을 배웠습니다.

【 당신만의 MONEY 게임판 설계: 5단계 체크리스트 】

1. Mission — 당신의 미션은 무엇입니까?

2. Organize — 현재 자산과 돈의 흐름은 정리되어 있습니까?

3. Navigation — 어디로 가야 할지 방향은 명확합니까?

4. Expand — 수익 모델을 어떻게 확장할 수 있습니까?

5. Yes! — 매일 작은 실행으로 성과를 만들고 있습니까?

이제 5장에서는 그 흐름을 우리에게 유리하게 설계하는 MONEY 프레임을 알아보겠습니다.

1단계: M — Mission:
나의 부의 미션과 목표를 명확히 한다

"목적지가 없으면 어떤 바람도 순풍이 될 수 없다."

제가 30대 초반, 첫 번째 사업이 실패했을 때 깨달은 교훈입니다. 당시 저는 '성공'이라는 막연한 목표만 가지고 달려갔습니다. 하지만 그것은 마치 지도 없이 바다를 항해하는 것과 같았습니다.

미션은 왜 중요할까요?

미션은 단순한 목표가 아닙니다. 미션은 당신이 왜 부를 추구하는지에 대한 근본적인 이유이자, 돈을 통해 이루고자 하는 가치입니다. 미션이 없는 부는 바람에 흔들리는 나뭇잎과 같습니다.

부의 미션을 찾는 세 가지 질문:

1. 무엇을 위해 부를 쌓고 싶은가? - 자유로운 시간, 가족의 안정, 꿈의 실현, 사회적 영향력 등
2. 나의 가치관과 부의 추구는 어떻게 연결되는가? - 정직, 창의성, 도전, 안정 등 나의 핵심 가치와 부의 추구 방식

3. 내가 죽기 전에 돈으로 이루고 싶은 것은 무엇인가? - 궁극적인 금융적 유산

예를 들어, 제 미션은 "경제적 자유를 통해 의미 있는 프로젝트에 시간과 자원을 투자하고, 다음 세대에게 부의 지혜를 전달하는 것"입니다. 이 미션은 제가 모든 금융 결정을 내릴 때 나침반 역할을 합니다.

목표는 미션의 구체적인 이정표입니다. 미션이 큰 방향이라면, 목표는 그 길 위의 이정표입니다. 효과적인 목표 설정을 위한 SMART 원칙을 따르세요:

- Specific(구체적): "자산 1억 원 모으기"가 "부자 되기"보다 낫습니다.
- Measurable(측정 가능): 숫자로 표현할 수 있어야 합니다.
- Achievable(달성 가능): 현실적이지만 도전적이어야 합니다.
- Relevant(연관성): 미션과 연결되어야 합니다.
- Time-bound(기한): "3년 내"와 같은 명확한 시간 프레임이 있어야 합니다.

금융 목표의 3단계 설정:

1. **단기 목표(1년 이내)**: 6개월 생활비 비상금 마련, 고금리 부채 상환, 투자 학습
2. **중기 목표(1~5년)**: 주택 계약금 마련, 사업 자금 확보, 포트폴리

오 다각화

3. **장기 목표(5년 이상)**: 경제적 독립, 은퇴 자금, 자산 승계 계획

게임의 승리 조건을 명확히 하세요. 모든 게임에는 승리 조건이 있습니다. 당신의 금융 게임에서 승리 조건은 무엇인가요? "월 500만원의 수동적 수입"일 수도 있고, "10억 원의 투자 자산"일 수도 있습니다. 중요한 것은 이 조건을 명확히 하고, 수치화하여 측정 가능하게 만드는 것입니다.

2단계: O — Organize:
내 자산과 자원을 정리한다

"당신이 볼 수 없는 것은 관리할 수 없다."

많은 사람들이 자신의 정확한 재정 상태를 모릅니다. 마치 안개 속에서 운전하는 것처럼 위험한 일입니다. 부의 게임에서 승리하려 면 먼저 현재 위치를 정확히 파악해야 합니다.

자산 부채 상황 시각화하기
가장 먼저 할 일은 순자산 계산입니다:

- 순자산 = 총자산 - 총부채

이를 항목별로 분류해 보세요:

- 자산: 현금, 예금, 주식, 채권, 부동산, 사업체, 지적 재산 등
- 부채: 주택담보대출, 신용카드 빚, 학자금 대출, 기타 대출

그리고 자산을 다시 세 가지로 분류하세요:

1. **수익 자산**: 당신에게 돈을 가져다 주는 자산(임대 부동산, 배당
   주, 사업체 등)
2. **소비 자산**: 비용이 발생하는 자산(거주 주택, 자동차 등)
3. **중립 자산**: 직접적인 수익이나 비용이 발생하지 않는 자산(보석,
   예술품 등)

진정한 부는 수익 자산의 비중을 늘리는 데서 옵니다.

현금 흐름 추적하기

부의 게임에서 가장 중요한 것은 '스톡(저량)'보다 '플로우(유량)'
입니다. 매달 얼마가 들어오고 나가는지 정확히 파악하세요:

- 수입 흐름: 근로소득, 사업소득, 투자소득, 부동산소득, 로열
  티 등
- 지출 흐름: 고정비(주거비, 보험료 등), 변동비(식비, 교통비
  등), 재량지출(여가, 취미 등)
- 저축 및 투자 흐름: 비상금, 은퇴계좌, 주식투자, 부동산 투
  자 등

이 세 가지 흐름의 균형이 중요합니다. 특히 수익 자산으로 향하
는 흐름을 늘리는 것이 관건입니다.

돈의 흐름 지도 만들기

돈의 흐름을 시각화하는 것은 매우 강력한 도구입니다. 아래와 같은 형태로 지도를 그려보세요:

1. 중앙에 '나'를 위치시킵니다.
2. 들어오는 화살표로 모든 수입원을 표시합니다.
3. 나가는 화살표로 모든 지출을 표시합니다.
4. 화살표의 굵기로 금액의 크기를 표현합니다.
5. 저축과 투자는 별도의 색상으로 표시합니다.

이 지도를 통해 당신은 어디에서 돈이 새고 있는지, 어디에 더 집중해야 하는지 한눈에 파악할 수 있습니다.

자원의 재발견: 돈 이상의 자산

재정적 자원 외에도 당신이 가진 자원은 많습니다:

- 지식과 기술: 전문 지식, 특별한 재능
- 인맥과 네트워크: 멘토, 조언자, 협력자
- 시간과 에너지: 가장 귀중하지만 간과되는 자원
- 신용과 평판: 돈으로 살 수 없는 자산

이러한 비재정적 자원을 현명하게 활용하면 재정적 자원의 레버리지를 높일 수 있습니다.

3단계: N — Navigation:
돈이 흘러갈 항로를 설계한다

"바람의 방향은 바꿀 수 없지만, 돛의 방향은 조절할 수 있다."

글로벌 금융 시스템의 거대한 흐름 속에서, 우리는 작은 배와 같습니다. 모든 흐름을 통제할 수는 없지만, 그 흐름을 활용하는 항로를 설계할 수 있습니다.

시간 전략: 집중과 선택

우리의 가장 희소한 자원은 돈이 아니라 시간입니다. 부의 게임에서 시간을 어떻게 활용할지 전략을 세우세요:

1. **80/20 법칙 적용하기**: 수입의 80%는 20%의 활동에서 옵니다. 그 핵심 20%에 집중하세요.
2. **시간 투자 수익률(ROI) 계산하기**: 모든 활동에 시간당 수익률을 계산해보세요.
3. **저부가가치 활동 제거하기**: 시간당 수익률이 낮은 활동은 외주화

하거나 자동화하세요.

4. **복리의 힘 활용하기**: 매일 1%씩 개선되면 1년 후 37배 향상됩니다.

예를 들어, 부동산 투자자가 직접 세입자 관리에 시간을 쓰는 것보다 관리회사에 위탁하고 다음 투자 기회를 찾는 데 시간을 쓰는 것이 시간 ROI가 더 높을 수 있습니다.

레버리지 전략: 작은 노력으로 큰 결과

진정한 부는 레버리지에서 옵니다. 다섯 가지 핵심 레버리지를 활용하세요:

1. **타인의 시간(OPT)**: 직원, 프리랜서, 파트너의 시간을 활용
2. **타인의 돈(OPM)**: 투자자 자금, 대출, 크라우드펀딩 등을 전략적으로 활용
3. **타인의 자원(OPR)**: 플랫폼, 인프라, 네트워크 등을 활용
4. **도구와 기술**: 자동화, AI, 소프트웨어 등을 활용해 생산성 증대
5. **지식과 시스템**: 한 번 구축한 시스템으로 반복적인 수익 창출

예를 들어, 온라인 강의는 시간의 레버리지입니다. 한 번 제작해 수천 명에게 판매할 수 있습니다. 부동산 투자는 타인의 돈(대출)을 활용한 레버리지입니다.

기회 포착 시스템 구축하기

기회는 준비된 자에게 찾아옵니다. 효과적인 기회 포착 시스템을 구축하세요:

1. **정보 필터링 시스템**: 유용한 정보는 받아들이고 노이즈는 차단하는 시스템
2. **의사결정 프레임워크**: 빠르고 정확한 결정을 위한 개인적 기준
3. **기회 평가 매트릭스**: 위험, 수익, 시간 투자, 열정 등을 종합적으로 평가
4. **실험 시스템**: 작은 규모로 빠르게 시도하고 검증하는 시스템

저는 모든 투자 기회를 세 가지 기준으로 평가합니다:

- 확장성: 이 기회는 얼마나 확장 가능한가?
- 지속성: 이 기회의 수익은 얼마나 오래 지속될 수 있는가?
- 자동화: 이 기회는 얼마나 자동화될 수 있는가?

이 세 기준을 통과한 기회에만 시간과 자원을 집중 투자합니다.

4단계: E — Expand:
수익 모델과 자산을 확장한다

"한 개의 수입원으로는 풍요로운 삶을 살 수 없다."

진정한 부는 확장과 다각화에서 옵니다. 단일 수입원에 의존하는 것은 마치 한 다리로 서 있는 것과 같이 불안정합니다.

수익 모델의 확장과 자동화

수익 모델 확장의 세 가지 방향:

1. **수직적 확장**: 기존 모델에서 더 많은 수익 창출
   o 가격 인상, 프리미엄 서비스 추가, 업셀링 등
2. **수평적 확장**: 유사한 모델을 다른 분야나 시장에 적용
   o 새로운 지역, 새로운 고객층, 새로운 채널 등
3. **수익 구조 확장**: 새로운 유형의 수익 창출 방식 추가
   o 구독 모델, 라이센싱, 프랜차이즈, 광고 수익 등

예를 들어, K씨가 운영했던 교육 사업은 처음에는 오프라인 강의로 시작했습니다. 이를 온라인 강의(수평적 확장)로 확장하고, 코칭 프로그램(수직적 확장)을 추가했으며, 결국 책과 라이센싱(수익 구조 확장)으로 발전시켰습니다.

자동화의 세 단계

1. **문서화**: 모든 프로세스를 단계별로 기록
2. **시스템화**: 반복 가능한 시스템으로 재구성
3. **자동화**: 기술과 도구를 활용해 인간의 개입 최소화

자동화에 투자한 시간은 항상 몇 배로 돌아옵니다. 특히 디지털 시대에는 소프트웨어, AI, 아웃소싱을 통한 자동화가 그 어느 때보다 쉬워졌습니다.

자산 포트폴리오 다각화

현명한 투자자는 결코 한 바구니에 모든 달걀을 담지 않습니다. 효과적인 다각화 전략:

1. **자산 클래스 다각화**: 주식, 채권, 부동산, 대체투자 등
2. **지역적 다각화**: 국내와 해외 시장 분산
3. **시간적 다각화**: 정기적인 분할 투자로 시장 타이밍 리스크 감소
4. **전략적 다각화**: 성장, 가치, 배당, 모멘텀 등 다양한 투자 전략 혼합

다각화의 목표는 위험을 감소시키면서도 적절한 수익을 유지하는 것입니다. 주요 금융자산의 장기적 상관관계를 이해하고, 자신의 위험 성향과 목표에 맞는 포트폴리오를 구성하세요.

확장 가능한 비즈니스 시스템 구축

자신만의 비즈니스나 부업을 통해 부를 확장하고 싶다면, 처음부터 확장성을 고려하세요:

1. **확장 가능한 비즈니스 모델 선택**: 한계비용이 낮고, 지역적 제약이 적은 모델
2. **핵심 경쟁력 파악과 강화**: 쉽게 복제할 수 없는 차별점 개발
3. **성장 병목 예측과 해소**: 인력, 자금, 공급망 등 성장 제약 요소 미리 파악
4. **측정과 최적화 시스템**: 핵심 지표를 지속적으로 모니터링하고 개선

예를 들어, 소프트웨어 구독 서비스는 추가 고객 확보 비용이 매우 낮은 확장성 높은 모델입니다. 반면, 시간 판매 기반 컨설팅은 확장성이 낮습니다.

5단계: Y — Yes!:
실행하고 점검하며 성과를 축적한다

"계획은 지도일 뿐, 실행이 목적지에 데려다준다."

아무리 완벽한 계획도 실행 없이는 무용지물입니다. 부의 게임에서 승리하려면 결국 '예스(Yes)'라고 말하고 행동에 옮겨야 합니다.

작은 실행의 누적 효과
큰 목표는 작은 일상적 실천으로 이루어집니다:

1. **최소 실행 단위(MIU) 설정**: 하루에 최소한 실천할 수 있는 작은 단위
2. **일일 루틴 수립**: 매일 반복할 수 있는 간단한 행동 패턴
3. **복리의 법칙 적용**: 매일 1%의 개선이 1년 후 37배의 성장으로
4. **실행 트리거 만들기**: 특정 상황이나 시간에 자동으로 행동하게 하는 트리거

예를 들어, "매일 아침 커피를 마시며 10분간 투자 공부하기"나 "매주 월요일 아침 현금 흐름 점검하기"와 같은 간단한 루틴이 큰 변화의 시작입니다.

성공 기록 시스템 구축

작은 성공을 기록하고 축하하는 것은 동기 부여와 학습에 필수적입니다:

1. **금융 저널 작성**: 투자 결정, 성공과 실패, 교훈 등을 기록
2. **수치화된 성과 추적**: 핵심 지표의 변화를 그래프로 시각화
3. **성취 축하 의식**: 목표 달성 시 스스로를 보상하는 시스템
4. **학습 루프 만들기**: 실패와 성공에서 배우고 시스템에 반영

L씨는 매주 금요일 저녁에 '주간 재정 리뷰'를 합니다. 수입, 지출, 투자 성과를 점검하고, 다음 주 실행 계획을 세웁니다. 이 작은 습관이 제 재정적 성공의 토대가 되었습니다.

점검과 개선의 사이클

지속적인 성과를 위한 정기적 점검과 개선 사이클:

1. **월간 점검**: 현금 흐름, 예산 준수, 단기 목표 진행 상황
2. **분기별 점검**: 자산 배분, 투자 성과, 수익 모델 검토
3. **연간 점검**: 순자산 성장, 장기 목표 진행 상황, 전략적 방향 조정
4. **개선 프로세스**: 문제 식별 → 원인 분석 → 개선안 도출 → 실행

→ 결과 측정

이 사이클은 PDCA(Plan-Do-Check-Act) 또는 OODA(Observe-Orient-Decide-Act) 루프와 유사하며, 끊임없이 발전하는 시스템을 구축하는 데 필수적입니다.

장애물 극복 전략

실행 과정에서 만나는 장애물을 극복하는 전략:

1. **예상 장애물 목록 작성**: 미리 예상되는 어려움과 해결책 정리
2. **실패 시나리오 계획**: 최악의 경우에 대비한 대응 계획
3. **지원 네트워크 구축**: 멘토, 동료, 코치 등 도움을 구할 수 있는 관계
4. **회복 시스템**: 실패나 좌절 후 빠르게 회복하는 개인적 의식이나 루틴

많은 사람들이 실패를 두려워해 행동하지 못합니다. 하지만 실패는 배움의 기회일 뿐입니다. 실패를 예상하고, 계획하고, 그로부터 배우는 시스템을 갖추면 두려움은 줄어듭니다.

게임판의 주인이 되라

"패배자는 게임을 하고, 승자는 게임판을 설계한다."

"돈은 계획이 없으면 떠돌고, 시스템이 있으면 쌓인다."

MONEY 프레임을 통해 우리는 자신만의 부의 게임판을 설계하는 방법을 배웠습니다:

- Mission: 명확한 미션과 목표로 방향을 설정
- Organize: 자산과 자원을 정리하고 시각화
- Navigation: 돈의 흐름을 위한 항로 설계
- Expand: 수익 모델과 자산의 확장
- Yes!: 실행하고 점검하며 성과 축적

이제 중요한 것은 이론에서 실천으로 넘어가는 것입니다. 오늘부터 작은 실행을 시작하세요. 부의 게임판에서 승리하는 것은 한 번의 큰 승리가 아니라, 작은 승리의 지속적인 축적에서 옵니다.

기억하세요, 당신은 더 이상 남이 만든 게임판에서 놀 필요가 없습니다. 당신만의 게임판을 설계하고, 그 안에서 자신의 규칙으로 플레이하세요. 그것이 진정한 부자의 사고방식입니다.

"오늘 당신이 설계한 MONEY 프레임이, 평생의 부를 만든다."

5장. 나만의 게임판 설계: MONEY 5단계 프레임

[핵심 포인트]
시스템 설계 3원칙

1. 미션은 반드시 구체적일 것
2. 시스템은 반복 가능해야 한다
3. 실행은 빠르게, 점검은 정기적으로

Learning Note :

6장.

부의 게임 메이커 툴킷

게임판 설계 도구와 프레임워크

지금까지 우리는 게임 메이커의 사고방식과 MONEY 게임판 설계의 5단계 프로세스를 배웠습니다. 이제 이를 실행에 옮기기 위한 구체적인 도구와 프레임워크를 알아보겠습니다.

성공적인 게임 메이커들은 단순히 열심히 일하는 것이 아니라, 효과적인 도구와 체계적인 프레임워크를 활용합니다. 적절한 도구가 있으면 평범한 사람도 놀라운 결과를 만들어낼 수 있습니다. 작은 레버로 거대한 바위를 움직이는 것처럼, 올바른 도구는 당신의 노력을 몇 배로 증폭시킵니다.

1. 비즈니스 모델 캔버스

부의 게임판을 설계할 때 가장 먼저 활용할 수 있는 도구는 '비즈니스 모델 캔버스'입니다. 이는 복잡한 비즈니스 아이디어를 한 페이지에 시각적으로 정리할 수 있는 강력한 도구입니다.

구성 요소:

- 가치 제안: 당신이 제공하는 핵심 가치
- 고객 세그먼트: 타겟 고객층
- 채널: 고객에게 도달하는 방법
- 고객 관계: 고객과의 관계 유형
- 수익원: 돈을 버는 방법
- 핵심 활동: 가치 제공을 위해 필요한 활동
- 핵심 자원: 필요한 자원
- 핵심 파트너: 협력해야 할 파트너
- 비용 구조: 주요 비용 항목

L씨는 새로운 사업을 시작할 때마다 반드시 비즈니스 모델 캔버스를 작성합니다. 특히 브랜드 유통 플랫폼을 기획할 때, 이 도구를 통해 수익 모델의 허점을 발견했습니다. 초기 계획은 일회성 브랜드 판매에 집중되어 있었는데, 캔버스를 통해 분석한 결과 구독 모델과 기업 교육 서비스를 추가해야 지속 가능한 수익 구조가 된다는 것을 깨달았습니다.

활용 방법:

1. 큰 종이나 디지털 도구에 9개 영역을 그립니다.
2. 각 영역을 포스트잇이나 메모로 채웁니다.
3. 모든 요소 간의 연결성과 일관성을 검토합니다.
4. 다양한 시나리오와 가정을 테스트합니다.
5. 정기적으로 업데이트하며 비즈니스 모델을 발전시킵니다.

이 캔버스의 가장 큰 장점은 복잡한 사업 아이디어를 한눈에 볼 수 있다는 점입니다. 숲을 보지 못하고 나무만 보는 오류를 방지할 수 있습니다.

2. 현금 흐름 설계 도구

앞서 4장에서 다룬 현금 흐름 분석을 더 체계적으로 할 수 있는 도구입니다. 게임 메이커에게 현금은 단순한 돈이 아니라 '게임 내 자원'입니다. 이 자원이 어떻게 유입되고 유출되는지 정확히 파악해야 합니다.

구성 요소:

- 수입 흐름도: 모든 수입원과 금액을 시각화
- 지출 흐름도: 모든 지출 항목과 금액을 시각화
- 자산 배분도: 자산 클래스별 배분 비율 설계
- 현금 순환 주기: 현금이 시스템 내에서 순환하는 주기 분석
- 재투자 전략: 이익을 어디에 어떻게 재투자할 것인지 계획

K씨의 사업이 성장기에 접어들었을 때 현금 흐름에 문제가 생겼습니다. 매출은 증가했지만, 정작 은행 계좌는 바닥을 보이고 있었죠. 현금 흐름 설계 도구를 활용해 분석한 결과, 매출 증가로 재고 확보와 인건비가 급증했지만, 고객 결제 주기는 60일로 지연되는 문제가 있었습니다. 이를 발견한 후 결제 조건을 조정하고 재고 회전율을 개선하여 현금 흐름 문제를 해결할 수 있었습니다.

활용 방법:

1. 엑셀이나 전용 소프트웨어를 사용해 현금 흐름표를 만듭니다.

2. 월별, 분기별, 연간 단위로 모든 현금 유입과 유출을 기록합니다.

3. 수입과 지출의 시간적 차이(타이밍 갭)를 분석합니다.

4. 현금 흐름에 문제가 생길 수 있는 시점을 예측합니다.

5. '만약 ~라면' 시나리오를 테스트하여 다양한 상황에 대비합니다.

현금 흐름은 사업의 혈액과 같습니다. 아무리 좋은 아이디어와 제품이 있어도, 현금 흐름에 문제가 생기면 게임에서 탈락할 수 있습니다.

3. 80/20 우선순위 매트릭스

모든 활동과 자원이 동등한 가치를 창출하지는 않습니다. 파레토의 법칙에 따르면, 전체 결과의 80%는 20%의 원인에서 비롯됩니다. 게임 메이커는 이 핵심 20%를 찾아 집중해야 합니다.

구성 요소:

- 가치 축: 각 활동이 창출하는 가치 수준
- 노력 축: 각 활동에 필요한 시간과 자원
- 4개 영역: 고가치/저노력, 고가치/고노력, 저가치/저노력, 저가치/고노력
- 우선순위 점수: 가치 대비 노력 비율 계산

창업 초기에 P씨는 모든 업무를 직접 처리하느라 늘 시간이 부족

했습니다. 80/20 매트릭스를 활용해 모든 활동을 분석한 결과, P씨의 시간을 가장 많이 차지하던 행정 업무와 반복적인 이메일 응대가 실제 수익 창출에는 거의 기여하지 않는다는 사실을 발견했습니다. 반면, 전체 시간의 15%만 투자하던 핵심 고객과의 미팅이 전체 매출의 60%를 창출하고 있었습니다. 이를 바탕으로 우선순위를 재조정하고 저가치 업무는 위임하면서 생산성이 3배 이상 높아졌습니다.

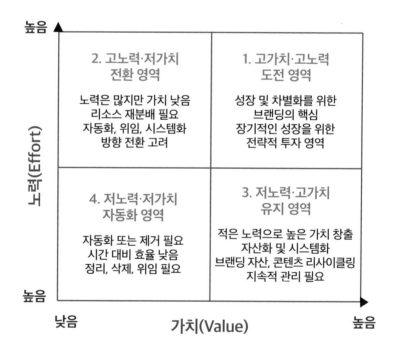

활용 방법:

1. 모든 활동, 제품, 고객, 마케팅 채널 등을 목록화합니다.
2. 각각의 가치(수익, 만족도, 장기적 가치 등)를 1-10점으로 평가합니다.
3. 각각에 투입되는 노력(시간, 비용, 에너지)을 1-10점으로 평가합니다.
4. 가로축에 노력, 세로축에 가치를 두고 2x2 매트릭스에 배치합니다.
5. 고가치/저노력 영역에 집중하고, 저가치/고노력 영역을 제거하거나 위임합니다.

이 도구를 사용하면 어디에 시간과 자원을 투자해야 최대 효과를 얻을 수 있는지 명확하게 볼 수 있습니다.

4. 시스템 설계 블루프린트

성공적인 게임 메이커는 즉흥적으로 행동하지 않습니다. 그들은 체계적인 시스템을 설계하고, 그 시스템이 자동으로 작동하도록 만듭니다.

구성 요소:

- 핵심 프로세스 맵: 모든 핵심 활동과 그 연결성 시각화
- 자동화 포인트: 자동화 가능한 지점 표시
- 의사결정 트리: 다양한 상황에서의 의사결정 경로 설계
- 리소스 할당도: 각 프로세스에 필요한 자원 배분 계획

- 피드백 루프: 지속적 개선을 위한 피드백 메커니즘

L씨는 브랜드 유통 사업이 성장하면서 고객 문의, 결제 처리, 콘텐츠 업데이트 등의 업무가 폭증했습니다. 시스템 설계 블루프린트를 활용해 전체 비즈니스 프로세스를 시각화하고, 각 단계별 자동화 가능성을 검토했습니다. 그 결과 고객 문의의 80%를 자동응답 시스템으로 처리하고, 결제와 접근 권한 부여를 완전 자동화하는 시스템을 구축했습니다. 이를 통해 운영 인력을 추가 고용하지 않고도 고객 수를 3배 늘릴 수 있었습니다.

활용 방법:
1. 전체 비즈니스나 투자 프로세스의 모든 단계를 나열합니다.
2. 각 단계 간의 연결점과 의존성을 표시합니다.
3. 각 단계에서 발생할 수 있는 문제와 해결책을 미리 설계합니다.
4. 자동화하거나 위임할 수 있는 부분을 표시합니다.
5. 시스템 성과를 측정할 핵심 지표를 정의합니다.

시스템 블루프린트는 귀하의 비즈니스나 투자가 어떻게 작동해야 하는지에 대한 설계도입니다. 이를 통해 임기응변식 대응이 아닌, 계획적이고 체계적인 접근이 가능해집니다.

5. 레버리지 포인트 분석 도구
앞서 배운 것처럼, 게임 메이커는 레버리지(지렛대 효과)를 활용합니다. 작은 힘으로 큰 결과를 만들어내는 지점을 찾아야 합니다.

구성 요소:

- 시스템 다이어그램: 전체 시스템의 구성 요소와 관계 시각화
- 레버리지 포인트: 작은 변화로 큰 효과를 낼 수 있는 지점 식별
- 증폭 계수: 각 레버리지 포인트의 효과 증폭 정도 측정
- 개입 전략: 각 레버리지 포인트에 어떻게 개입할 것인지 계획

P씨는 부동산 투자를 시작했을 때, 단순히 더 많은 물건을 사는 데 집중했습니다. 그러나 레버리지 포인트 분석을 통해, 단순히 물건 수를 늘리는 것보다 몇 가지 핵심 지점에 집중하는 것이 더 효과적임을 발견했습니다. 특히 '위치 선정'과 '리모델링 범위 결정'이 전체 수익률에 가장 큰 영향을 미치는 레버리지 포인트였습니다. 이 두 지점에 전문성을 집중한 결과, 투자 수익률이 기존의 2배로 증가했습니다.

활용 방법:

1. 귀하의 비즈니스나 투자 시스템의 모든 요소를 나열합니다.
2. 각 요소가 다른 요소에 어떤 영향을 미치는지 화살표로 연결합니다.
3. 다른 많은 요소에 영향을 미치는 핵심 지점을 찾습니다.
4. 각 레버리지 포인트에 대한 개입 전략을 수립합니다.
5. 가장 높은 레버리지 효과가 있는 지점에 자원을 집중합니다.

이 도구는 복잡한 시스템에서 어디에 노력을 집중해야 최대의 효

과를 얻을 수 있는지 찾는 데 도움이 됩니다.

6. 자율 수익 시스템 설계 도구

게임 메이커의 궁극적 목표는 자신의 지속적인 노력 없이도 수익을 창출하는 시스템을 구축하는 것입니다. 이를 위한 전용 도구입니다.

구성 요소:

- 수익 자동화 맵: 자동으로 수익을 창출하는 경로 설계
- 수동/자동 비율 분석: 수동적 노력과 자동화된 시스템의 비율 측정
- 스케일링 전략: 시스템을 확장하는 방법 설계
- 장애물 식별: 자율 운영을 방해하는 요소 파악
- 유지보수 계획: 최소한의 개입으로 시스템을 유지하는 방법

P씨는 디지털 제품 사업을 시작했을 때, 모든 마케팅과 판매를 자신의 직접적인 노력에 의존했습니다. 자율 수익 시스템 설계 도구를 통해 분석한 결과, 마케팅 자동화, 제휴 마케팅 프로그램, 고객 추천 시스템을 구축하면 자신의 직접적인 개입 없이도 판매가 이루어질 수 있다는 것을 알게 되었습니다. 6개월간의 시스템 구축 후, 월 수익의 70%가 직접적인 노력 없이 자동으로 발생하게 되었습니다.

활용 방법:

1. 현재 수익 창출 활동 중 귀하의 직접적인 시간과 노력이 필요한 부분을 식별합니다.
2. 각 활동을 자동화하거나 위임하는 방법을 브레인스토밍합니다.
3. 자동화 구현에 필요한 초기 투자(시간, 돈, 자원)를 계산합니다.
4. 자동화 후 예상되는 시간 절약과 수익 증가를 추정합니다.
5. 자동화 우선순위를 정하고 구현 계획을 수립합니다.

이 도구를 통해 '시간 대비 돈'이 아닌 '시스템을 통한 돈'을 창출하는 방법을 설계할 수 있습니다.

7. 성장 플라이휠 설계 도구

지속 가능한 성장을 위해서는 성장이 자기 강화적인 선순환 구조를 가져야 합니다. 이를 '플라이휠(Flywheel)'이라고 합니다.

구성 요소:

- 핵심 가치 제안: 시스템의 중심이 되는 가치
- 성장 동인: 시스템을 추진하는 핵심 요소들
- 피드백 루프: 각 요소가 다른 요소를 강화하는 방식
- 가속 포인트: 전체 시스템의 속도를 높이는 지점
- 측정 지표: 플라이휠의 효과를 측정하는 지표

L씨는 브랜드 유통 플랫폼의 성장이 정체되었을 때, 성장 플라이휠 모델을 활용해 분석했습니다. 기존에는 '광고 → 고객 유입 →

수익 → 더 많은 광고'라는 선형적 모델이었습니다. 플라이휠 분석을 통해 '양질의 브랜드 제품 → 고객 만족도 향상 → 입소문과 추천 → 더 많은 고객 → 더 많은 자원으로 더 좋은 브랜드 제품 소싱'이라는 선순환 구조를 설계했습니다. 이 모델로 전환한 후 마케팅 비용은 절반으로 줄었지만, 성장률은 두 배로 증가했습니다.

활용 방법:

1. 귀하의 비즈니스나 투자의 핵심 가치 제안을 중심에 둡니다.
2. 이 가치를 강화하고 전달하는 핵심 활동들을 식별합니다.
3. 각 활동이 다른 활동을 어떻게 강화하는지 화살표로 연결합니다.
4. 선순환이 약한 부분이나 단절된 부분을 찾아 보완합니다.
5. 전체 플라이휠을 가속화할 수 있는 지점에 투자합니다.

플라이휠이 한 번 돌기 시작하면, 점점 더 적은 노력으로 더 큰 결과를 만들어냅니다. 이것이 바로 게임 메이커의 지속 가능한 성장 전략입니다.

플레이어에서 메이커로 전환하는 체크리스트

이제 앞서 배운 개념과 도구를 실제로 적용할 시간입니다. 플레이어에서 메이커로 전환하는 과정은 하룻밤에 이루어지지 않습니다. 단계적인 전환이 필요합니다. 다음 체크리스트를 통해 자신의 현재 위치를 확인하고, 메이커로 나아가는 여정을 계획해 보세요.

1. 마인드셋 전환 체크리스트

메이커로의 여정은 사고방식의 변화에서 시작됩니다. 다음 항목을 통해 당신의 마인드셋을 점검해 보세요.

- 나는 '돈을 위해 일하는 것'이 아니라 '돈이 나를 위해 일하게 만드는 것'에 집중한다.
- 단기적 소득보다 장기적인 시스템 구축을 우선시한다.
- 실패를 두려워하지 않고 학습 기회로 본다.
- 모든 문제에 시스템적 해결책을 찾으려고 노력한다.
- 자원(시간, 돈, 재능)의 레버리지 방법을 항상 고민한다.

- '더 열심히 일하기'보다 '더 스마트하게 일하기'에 초점을 맞춘다.
- 변화하는 환경에 적응하고 새로운 기회를 포착하는 능력을 개발한다.
- 목표 달성에 필요한 규칙을 스스로 만들 수 있다고 믿는다.

활용 팁:

매월 이 체크리스트를 검토하고, 아직 체크하지 못한 항목에 집중하세요. 마인드셋 전환을 위한 독서, 강연, 멘토링 등의 활동을 계획적으로 진행하세요.

2. 재정 상태 전환 체크리스트

메이커로의 여정에는 재정적 기반이 필요합니다. 다음 항목을 통해 재정 구조의 전환 상태를 점검하세요.

- 월 지출의 최소 6개월치에 해당하는 비상금을 보유하고 있다
- 수동적 소득이 월 생활비의 25% 이상을 차지한다.
- 소득원이 3개 이상으로 다변화되어 있다.
- 자산의 50% 이성이 인플레이션 보호 자산(주식, 부동산, 사업체 등)에 배분되어 있다.
- 모든 부채는 생산적 목적(자산 취득, 스킬 향상, 사업 확장 등)으로만 사용한다.
- 월 소득의 최소 20%를 자산 구축에 투자한다.
- 정기적으로 재무 상태를 점검하고 최적화하는 시스템이 있다.

• 장기적인 재정 목표와 구체적인 실행 계획이 문서화되어 있다.

활용 팁:

이 체크리스트를 분기별로 검토하고, 아직 미흡한 항목에 대한 구체적인 개선 계획을 세우세요. 특히 수동적 소득 비율을 점진적으로 높이는 데 집중하세요.

3. 시간 활용 전환 체크리스트

메이커는 시간을 다르게 사용합니다. 귀하의 시간 활용 방식이 얼마나 메이커에 가까운지 확인해 보세요.

• 하루 중 최소 2시간을 시스템 구축과 설계에 투자한다.
• 반복적이고 저가치 업무는 자동화하거나 위임한다.
• 일정한 '딥 워크' 시간을 확보하여 중요한 문제에 집중한다.
• 자신의 에너지 수준에 맞게 업무를 배치한다.
• 단순히 '바쁜 것'과 '생산적인 것'의 차이를 명확히 인식하고 행동한다.
• 정기적으로 시간 사용을 분석하고 최적화한다.
• '미래의 나'에게 투자하는 활동(학습, 인맥 구축, 건강 관리 등)에 우선순위를 둔다.
• 시간 사용에 관한 명확한 경계를 설정하고 지킨다.

활용 팁:

2주간 시간 사용 로그를 작성해 보세요. 플레이어 활동(직접 실행)과 메이커 활동(설계, 자동화, 위임)에 얼마나 시간을 쓰고 있는지 분석하고, 점진적으로 메이커 활동 비중을 높이세요.

4. 시스템 구축 체크리스트

메이커의 핵심은 시스템 구축입니다. 다음 항목을 통해 귀하의 시스템 구축 진행 상황을 확인하세요.

- 핵심 비즈니스/투자 프로세스가 문서화되어 있다.
- 반복적인 업무의 50% 이상이 자동화되어 있다.
- 의사결정 기준과 프레임워크가 명확히 정의되어 있다.
- 핵심 성과 지표(KPI)를 정기적으로 추적하고 분석한다.
- 지속적인 개선을 위한 피드백 루프가 구축되어 있다.
- 비즈니스/투자가 나의 직접적인 개입 없이도 최소 일주일 동안 운영될 수 있다.
- 확장을 위한 명확한 청사진과 계획이 있다.
- 위기 상황에 대비한 비상 계획이 마련되어 있다.

활용 팁:

먼저 가장 중요하거나 가장 반복적인 프로세스 하나를 선택해 완전히 시스템화해 보세요. 성공 경험을 바탕으로 점차 다른 영역으로 확장하세요.

5. 네트워크 및 영향력 체크리스트

메이커는 혼자 일하지 않습니다. 그들은 네트워크와 영향력을 활용합니다.

- 나의 분야에서 최소 5명 이상의 멘토나 조언자가 있다.
- 다양한 배경과 전문성을 가진 사람들로 구성된 네트워크를 보유하고 있다.
- 정기적으로 지식과 인사이트를 공유하는 플랫폼이나 채널이 있다.
- 내 분야에서 일정 수준의 권위와 영향력을 구축했다.
- 협력자, 파트너, 팀원들과 함께 시너지를 창출한다.
- 나의 비전과 가치를 명확히 전달할 수 있다.
- 필요한 자원과 기회에 접근할 수 있는 인맥을 보유하고 있다.
- 네트워크를 체계적으로 관리하고 발전시키는 시스템이 있다.

활용 팁:

매주 적어도 한 번은 네트워크 확장이나 강화를 위한 활동(미팅, 행사 참여, 지식 공유 등)을 계획하세요. 단순한 인맥 쌓기가 아닌, 상호 가치를 창출하는 관계 구축에 집중하세요.

6. 성장과 학습 체크리스트

게임 메이커는 지속적으로 학습하고 성장합니다. 귀하의 학습 시스템을 점검해 보세요.

- 연간 학습 계획과 목표가 있다.
- 매일 최소 30분 이상을 의도적인 학습에 투자한다.

- 다양한 분야의 지식을 통합하여 독창적인 통찰을 얻는다.
- 실패와 실수를 체계적으로 분석하고 교훈을 문서화한다.
- 자신의 분야에서 최신 트렌드와 발전을 지속적으로 추적한다.
- 다른 사람들을 가르치거나 멘토링함으로써 자신의 지식을 강화한다.
- 정기적으로 자신의 기술과 지식의 격차를 분석하고 보완한다.
- 배운 내용을 실제로 적용하고 결과를 측정한다.

활용 팁:

학습 저널을 만들어 매일 배운 내용, 질문, 통찰을 기록하세요. 월말에는 배운 내용을 종합하고 어떻게 적용할지 계획하세요.

7. 최종 메이커 전환 체크리스트

이제 플레이어에서 메이커로의 전환이 얼마나 진행되었는지 최종 점검해 보세요.

- 수동적 소득이 총 소득의 50% 이상을 차지한다.
- 내가 직접 개입하지 않아도 최소 1개월 동안 비즈니스/투자가 원활하게 운영된다.
- 자신만의 독특한 게임판과 룰을 설계했다.
- 시간, 돈, 지식, 관계의 레버리지를 효과적으로 활용하고 있다.
- 위기와 기회를 동시에 활용할 수 있는 유연한 시스템을 보유하고 있다.
- 성장과 확장이 자연스럽게 일어나는 플라이휠 효과를 경험하

고 있다.

- 다른 사람들에게 게임 메이커의 원리를 가르치거나 멘토링할 수 있다.
- 일과 삶에서 자율성, 목적, 숙련도의 균형이 잘 잡혀 있다.

활용 팁:

이 체크리스트는 게임 메이커로서의 완성도를 측정합니다. 1년에 한 번 이 체크리스트를 검토하고, 아직 달성하지 못한 항목을 위한 전략을 수립하세요.

게임 메이커의 도구 활용 사례:

최동찬(가명)의 이야기

개념적인 도구와 체크리스트를 넘어, 실제 사례를 통해 이러한 도구들이 어떻게 활용되는지 살펴보겠습니다.

최동찬은 35세의 소프트웨어 엔지니어였습니다. 안정적인 직장과 좋은 급여에도 불구하고, 그는 자신이 설계하지 않은 게임판에서 플레이어로 살아가고 있다는 느낌을 지울 수 없었습니다. 게다가 AI 기술의 발전으로 프로그래머의 일자리도 점차 위협받고 있다는 불안감이 있었습니다.

마인드셋 전환

최동찬은 먼저 '부의 게임 메이커' 마인드셋 체크리스트를 작성했습니다.

그는 '실패를 두려워하지 않고 학습 기회로 본다'와 '목표 달성에 필요한 규칙을 스스로 만들 수 있다'는 항목에서 부족함을 느꼈습니다.

이를 개선하기 위해 실패 사례 분석 일지를 작성하고, 매주 한 가지씩 자신만의 규칙을 만들어 실험해보기 시작했습니다.

비즈니스 모델 캔버스 활용:

그는 자신의 프로그래밍 기술을 활용해 부의 게임판을 설계하고자 했습니다. 비즈니스 모델 캔버스를 활용해 다양한 아이디어를 분석한 결과, '개발자를 위한 AI 활용 교육 플랫폼'이라는 비즈니스 모델을 발견했습니다. 핵심 가치 제안은 '프로그래머가 AI와 협업하여 생산성을 높이는 방법'이었습니다.

80/20 우선순위 매트릭스 활용:

플랫폼 구축을 위해 해야 할 일이 산더미처럼 많았습니다. 최동찬은 80/20 매트릭스를 활용해 모든 활동을 분석했고, '핵심 교육 콘텐츠 개발'과 '초기 사용자 커뮤니티 구축'이 가장 높은 가치를 창출하는 활동임을 발견했습니다. 그는 웹사이트 디자인, 마케팅 자료 제작 등 저가치 활동은 외주를 주고, 이 두 가지 핵심 활동에 집중했습니다.

현금 흐름 설계 도구 활용:

회사를 그만두기 전에, 그는 현금 흐름 설계 도구를 사용해 재정 계획을 세웠습니다. 그는 최소 1년간의 생활비를 확보하고, 비즈니스 초기 운영 비용을 미리 계산했습니다. 또한 다양한 수익 시나리오를 테스트하여 최악의 경우에도 재정적으로 생존할 수 있는 계획을 수립했습니다.

시스템 설계 블루프린트 활용:

그는 처음부터 자신의 개인적인 시간과 노력에 의존하지 않는 비즈니스를 설계하고자 했습니다. 시스템 설계 블루프린트를 활용해 콘텐츠 제작, 마케팅, 고객 지원, 결제 처리 등 모든 핵심 프로세스를 시각화하고, 각 단계별로 자동화 또는 위임 가능성을 검토했습니다. 특히 콘텐츠 일부를 커뮤니티 기여 방식으로 설계하여, 플랫폼이 성장할수록 자신의 직접적인 기여 없이도 콘텐츠가 풍부해지는 시스템을 구축했습니다.

성장 플라이휠 설계:

그는 지속적인 성장을 위해 플라이휠 모델을 설계했습니다. '양질의 교육 콘텐츠 → 개발자들의 기술 향상 → 성공 사례 창출 → 커뮤니티 내 공유 및 입소문 → 더 많은 개발자 유입 → 더 많은 자원으로 더 좋은 콘텐츠 제작'이라는 선순환 구조를 만들었습니다.

결과:

2년 후, 최동찬의 플랫폼은 월 5,000명 이상의 유료 회원을 보유한 성공적인 비즈니스가 되었습니다. 더 중요한 것은, 그가 더 이상 플레이어가 아닌 게임 메이커로 전환했다는 점입니다. 그는 주 20시간만 일하면서도 과거 직장 수입의 3배를 벌고 있으며, 나머지 시간은 가족과 함께 보내거나 새로운 기술을 탐구하는 데 사용합니다.

최동찬은 자주 이렇게 말합니다. "내가 게임 메이커가 되면서 가장 큰 변화는 돈이 아니라 자유와 통제력입니다. 이제 나는 내 삶의 규칙을 직접 만듭니다."

게임 메이커의 여정을 시작하세요

지금까지 우리는 부의 게임 메이커가 되기 위한 사고방식, 전략, 그리고 구체적인 도구와 체크리스트를 살펴보았습니다. 이 모든 지식과 도구는 실천하지 않으면 아무런 가치가 없습니다.

지금 당신이 어디에 있든, 게임 메이커로의 여정은 오늘 시작할 수 있습니다. 완벽한 시작을 기다리지 마세요. 작은 단계부터 시작하세요.

1. 오늘 배운 도구 중 하나를 선택해 바로 적용해 보세요.
2. 체크리스트를 활용해 현재 상태를 점검하고 개선 계획을 세우세요.
3. 매일 조금씩 플레이어에서 메이커로 전환하는 활동을 실천하세요.

변화는 하루아침에 일어나지 않습니다. 하지만 일관된 노력과 올바른 도구를 통해, 당신도 자신만의 게임을 설계하고 게임의 규칙을 만드는 메이커가 될 수 있습니다.

다음 장에서는 실전 액션 플랜에 대해 알아보겠습니다. 레버리지 전략, 위기 속 기회 포착법, 그리고 디지털 머니 시대의 새로운 게임판을 읽는 방법을 배우게 될 것입니다.

당신의 게임 메이커 여정이 시작되었습니다. 이제 직접 게임을 설계할 시간입니다.

6장. 부의 게임 메이커 툴킷

[메이커의 셀프 체크]
"지금 바로 점검하라"

1. 시스템이 없으면 플레이어다
2. 레버리지가 없으면 플레이어다
3. 자동화가 없으면 플레이어다

Learning Note :

Part 3.

실전 액션 플랜:
게임 메이커로 사는 법

7장.

레버리지 전략:
작은 노력으로 큰 결과 만들기

금융, 정보, 관계 레버리지

게임 메이커와 플레이어의 가장 큰 차이점은 레버리지(지렛대)의 활용입니다. 플레이어는 자신의 노력과 시간을 직접 투입해 결과를 만들어내지만, 메이커는 레버리지를 활용해 적은 노력으로 큰 결과를, 적은 자원으로 큰 영향력을 창출합니다.

아르키메데스는 "내게 지렛대를 놓을 받침점을 주면 지구도 들어올리겠다"고 말했습니다. 이것이 바로 레버리지의 힘입니다. 올바른 지점에 작은 힘을 가하면, 상상할 수 없는 결과를 만들어낼 수 있습니다.

부의 게임에서 성공적인 메이커들은 다양한 형태의 레버리지를 활용합니다. 지금부터 가장 강력한 세 가지 레버리지 유형과 그 활용법을 알아보겠습니다.

1. 금융 레버리지: 돈으로 돈을 일하게 하기

금융 레버리지는 자본을 활용해 더 큰 자본을 창출하는 전략입니다. 단순히 저축이나 소비가 아니라, 돈을 도구로 사용해 더 많은 돈을 만들어내는 것입니다.

금융 레버리지의 주요 형태:

1) 부채 레버리지

많은 사람들이 부채를 두려워하지만, 현명하게 활용하면 부채는 강력한 레버리지 도구가 될 수 있습니다. 중요한 것은 '소비성 부채'와 '생산적 부채'를 구분하는 것입니다.

소비성 부채는 가치가 감소하는 것에 사용하는 부채입니다. 자동차, 휴가, 옷, 전자제품 등에 쓰는 신용카드 부채가 대표적입니다. 반면 생산적 부채는 더 큰 가치를 창출하는 데 사용하는 부채입니다.

K씨는 30대 초반에 임대용 부동산을 구입할 기회가 있었습니다. 당시 자금이 부족했지만, 주택담보대출(LTV 70%)을 활용해 3억 원 상당의 부동산을 9천만 원의 자기자본으로 구입했습니다. 월 임대 수입이 대출 이자를 상회했고, 5년 후 그 부동산 가치는 4억 5천만 원으로 상승했습니다. 결과적으로 9천만 원의 투자로 1억 5천만 원의 자본 이득과 5년간의 순임대 수익을 얻었습니다. 부채가 없었다면 불가능했을 결과입니다.

부채 레버리지 활용 원칙:

- 반드시 생산적 용도로만 부채를 활용하세요
- 월 수입의 일정 비율(예: 40% 이하)로 부채 상환액을 제한하세요
- 현금 흐름이 양수인 투자에 우선적으로 레버리지를 활용하세요

- 변동금리 부채는 금리 상승 시나리오를 반드시 시뮬레이션하세요
- 비상 상황에 대비한 현금 완충장치를 항상 유지하세요

2) 복리의 레버리지

아인슈타인은 복리를 "세상에서 8번째 불가사의"라고 불렀습니다. 복리는 시간을 레버리지로 활용해 작은 금액을 거대한 부로 전환하는 마법 같은 도구입니다.

워렌 버핏의 성공 비결은 복잡하지 않습니다. 그는 65년 이상 투자하면서 연평균 약 20%의 수익률을 달성했습니다. 10만 달러로 시작해 현재 수백억 달러의 자산을 보유하게 된 비결은 바로 장기간에 걸친 복리의 힘입니다.

복리 레버리지 활용 원칙:

- 가능한 한 일찍 투자를 시작하세요 (시간이 가장 중요한 요소입니다)
- 정기적으로 일정 금액을 투자하는 습관을 들이세요
- 장기적 관점에서 투자하고, 단기적 변동에 일희일비하지 마세요
- 수익을 재투자하여 복리 효과를 극대화하세요
- 불필요한 수수료와 세금을 최소화하여 실질 수익률을 높이세요

3) OPM(Other People's Money) 레버리지

성공적인 사업가와 투자자들은 종종 다른 사람의 돈을 활용해 자신의 비전을 실현합니다. 이것이 바로 OPM 레버리지입니다.

L씨는 초기 창업 단계에서 큰 공급 계약을 수주했을 때, 이를 이행할 자금이 부족했습니다. 은행 대출이 어려운 상황이었지만, 투자자 파트너십을 통해 필요 자금의 80%를 조달했습니다. 계약을 성공적으로 이행한 후, 투자자들에게 약속된 수익을 제공하고도 상당한 이익을 남길 수 있었습니다. 이는 자기 자본만으로는 불가능했을 결과였습니다.

OPM 레버리지 활용 원칙:

- 상호 이익이 되는 명확한 제안을 준비하세요
- 투명하고 전문적인 자금 관리 시스템을 구축하세요
- 파트너와 투자자의 이익을 자신의 이익만큼 중요하게 생각하세요
- 법적, 회계적으로 철저한 준비와 문서화를 하세요
- 신뢰와 평판을 최우선으로 관리하세요

2. 정보 레버리지: 지식의 힘을 극대화하기

정보화 시대에 지식과 정보는 그 자체로 강력한 레버리지 도구입니다. 올바른 정보와 지식은 시간, 돈, 노력을 절약하고 최적의 결정을 내릴 수 있게 해줍니다.

정보 레버리지의 주요 형태:

1) 비대칭 정보의 활용

시장에서 모든 참여자가 동일한 정보를 가지고 있지 않습니다. 다른 사람들보다 먼저, 또는 더 정확한 정보를 확보할 수 있다면 그

것은 강력한 레버리지가 됩니다.

로스차일드 가문이 워털루 전투의 결과를 다른 시장 참여자들보다 먼저 알게 되어 영국 채권 시장에서 막대한 이익을 얻은 이야기는 유명합니다. 현대적 사례로는, 부동산 투자자 중 일부가 도시 개발 계획이나 교통 인프라 확장 정보를 선제적으로 파악해 주변 부동산에 투자함으로써 수익을 극대화하는 경우가 있습니다.

비대칭 정보 레버리지 활용 원칙:
- 특정 분야나 틈새 시장에 깊이 파고들어 전문성을 쌓으세요
- 정보의 흐름이 있는 네트워크와 커뮤니티에 참여하세요
- 일반 대중이 접근하기 어려운 데이터 소스를 발굴하세요
- 합법적이고 윤리적인 범위 내에서만 정보를 활용하세요
- 정보의 신뢰성과 정확성을 항상 검증하세요

2) 지식 자산화

한 번 획득한 지식이나 정보를 여러 번, 여러 방식으로 활용하는 전략입니다. 지식을 자산화하면 반복적으로 가치를 창출할 수 있습니다.

로버트 기요사키는 '부자 아빠 가난한 아빠'라는 책으로 자신의 금융 지식을 자산화했습니다. 이 책은 전 세계적으로 3,200만 부 이상 판매되었고, 이를 기반으로 보드게임, 세미나, 코칭 프로그램 등 다양한 수익 모델을 구축했습니다. 그는 한 번 축적한 지식을 다양한 형태로 자산화하여 지속적인 수익을 창출했습니다.

지식 자산화 레버리지 활용 원칙:

• 자신만의 독특한 지식과 경험을 식별하고 체계화하세요
• 지식을 다양한 형태(책, 강의, 컨설팅, 멤버십 등)로 변환하세요
• 디지털 콘텐츠로 제작하여 한계 비용을 최소화하세요
• 자동화된 배포 및 판매 시스템을 구축하세요
• 지속적으로 지식을 업데이트하고 확장하세요

3) 데이터와 알고리즘 레버리지

　빅데이터와 AI 시대에 데이터를 수집, 분석하고 알고리즘화하는 능력은 엄청난 레버리지를 제공합니다.

　제임스 사이먼스의 르네상스 테크놀로지스는 수학적 모델과 알고리즘을 활용한 퀀트 투자로 1988년부터 2018년까지 연평균 66%라는 믿기 힘든 수익률을 기록했습니다. 그들은 방대한 데이터를 분석하여 시장의 미세한 패턴을 발견하고, 이를 자동화된 거래 알고리즘으로 변환했습니다.

데이터/알고리즘 레버리지 활용 원칙:

• 관련 데이터를 체계적으로 수집하고 정리하세요
• 데이터 분석 및 패턴 인식 능력을 개발하세요
• 반복적인 의사 결정 과정을 알고리즘화하세요
• AI와 자동화 도구를 활용하여 분석 역량을 확장하세요
• 데이터 기반 의사결정 시스템을 구축하세요

3. 관계 레버리지: 네트워크의 힘을 활용하기

혼자서는 한계가 있습니다. 진정한 게임 메이커는 관계와 네트워크를 레버리지로 활용해 혼자서는 불가능한 성과를 이룹니다.

관계 레버리지의 주요 형태:

1) 인적 자본 레버리지

다른 사람들의 시간, 재능, 에너지를 활용하여 혼자서는 불가능한 규모의 가치를 창출하는 전략입니다.

스티브 잡스는 뛰어난 엔지니어가 아니었습니다. 그러나 그는 인적 자본 레버리지의 대가였습니다. 그는 조니 아이브(디자인), 팀 쿡(운영), 스티브 워즈니악(기술) 같은 뛰어난 인재들의 재능을 활용해 애플을 세계적인 기업으로 성장시켰습니다.

P씨의 경우, 사업 초기에는 모든 일을 직접 했지만, 점차 각 분야 전문가들을 영입하면서 사업이 기하급수적으로 성장했습니다. 특히 자신보다 뛰어난 영업 책임자를 영입한 후, 영업 실적이 6개월 만에 3배로 증가했습니다.

인적 자본 레버리지 활용 원칙:

- 자신보다 뛰어난 사람들을 채용하거나 협업하세요
- 명확한 역할, 책임, 권한을 부여하세요
- 성과에 연동된 보상 시스템을 설계하세요
- 팀원들의 성장과 발전을 지원하세요
- 마이크로매니징을 피하고 결과에 집중하세요

2) 사회적 자본 레버리지

인맥, 평판, 신뢰와 같은 사회적 자본을 활용하여 기회를 창출하고 장벽을 넘는 전략입니다.

리처드 브랜슨의 성공 비결 중 하나는 그의 광범위한 네트워크와 관계 구축 능력입니다. 그는 항공사, 음반사, 통신사 등 자신이 전문 지식이 없는 산업에 진출할 때마다 그 분야의 전문가들과 관계를 구축했습니다. 그의 네트워크와 평판은 진입 장벽을 낮추고 새로운 비즈니스 기회를 창출했습니다.

사회적 자본 레버리지 활용 원칙:
- 의미 있는 관계를 지속적으로 구축하고 유지하세요
- 도움을 요청하기 전에 먼저 가치를 제공하세요
- 신뢰와 평판을 최우선으로 관리하세요
- 전략적 네트워킹에 시간을 투자하세요
- 다양한 배경과 산업의 사람들과 관계를 맺으세요

3) 커뮤니티 레버리지

개인이나 기업을 중심으로 커뮤니티를 구축하고, 이를 통해 충성도, 지지, 협력을 이끌어내는 전략입니다.

테슬라는 전통적인 광고에 거의 비용을 쓰지 않지만, 열정적인 팬 커뮤니티를 보유하고 있습니다. 이 커뮤니티는 자발적으로 테슬라를 홍보하고, 피드백을 제공하며, 심지어 제품 개발에도 간접적으로 기여합니다. 일론 머스크는 이 커뮤니티를 통해 마케팅 비용을 대폭 절감하면서도 강력한 브랜드 충성도를 구축했습니다.

커뮤니티 레버리지 활용 원칙:

- 공통의 관심사나 가치를 중심으로 커뮤니티를 구축하세요
- 진정한 가치와 콘텐츠를 지속적으로 제공하세요
- 커뮤니티 멤버들의 참여와 기여를 장려하세요
- 멤버들 간의 연결과 상호작용을 촉진하세요
- 커뮤니티의 피드백을 경청하고 반영하세요

나만의 레버리지 포트폴리오 만들기

이제 다양한 레버리지 형태에 대해 알아보았으니, 자신만의 레버리지 포트폴리오를 구축하는 방법을 살펴보겠습니다. 레버리지 포트폴리오란, 다양한 형태의 레버리지를 전략적으로 조합하여 상승 효과를 창출하는 것입니다.

1. 현재 레버리지 진단하기

먼저 자신이 현재 활용하고 있는 레버리지와 잠재적으로 활용 가능한 레버리지를 파악해야 합니다.

진단 질문:
- 현재 어떤 형태의 금융 레버리지를 활용하고 있나요?
- 어떤 독특한 지식이나 정보를 가지고 있나요?
- 어떤 관계와 네트워크를 활용할 수 있나요?
- 현재 가장 부족한 레버리지 형태는 무엇인가요?
- 어떤 레버리지가 가장 즉각적인 결과를 가져올 수 있을까요?

L씨의 경우, 금융 레버리지(부동산 담보대출)는 어느 정도 활용하고 있었지만, 정보 레버리지와 관계 레버리지가 부족했습니다. 특히 지식 자산화와 커뮤니티 구축이 가장 취약한 부분이었습니다. 이를 인식한 후, 그는 무역 분야의 지식을 체계화하여 온라인 교육 프로그램으로 개발하고, 동시에 업계 전문가 네트워크를 구축하는 데 집중했습니다.

2. 레버리지 포트폴리오 설계하기

진단 결과를 바탕으로 단기, 중기, 장기적으로 구축할 레버리지 포트폴리오를 설계합니다.

설계 단계:

1) 레버리지 목표 설정 각 레버리지 유형별로 구체적인 목표를 설정합니다.

예시:

- 금융 레버리지: 1년 내에 생산적 부채를 활용해 투자 자본을 2배로 확대
- 정보 레버리지: 6개월 내에 전문 지식을 온라인 코스로 자산화
- 관계 레버리지: 1년 내에 핵심 산업 전문가 20명과의 관계 구축

2) 레버리지 시너지 찾기 서로 다른 레버리지 유형이 어떻게 상승 효과를 낼 수 있는지 파악합니다.

예시:

- 관계 레버리지(전문가 네트워크) → 정보 레버리지(비대칭 정보 획득) → 금융 레버리지(투자 기회)
- 정보 레버리지(지식 자산화) → 금융 레버리지(자본 확보) → 관계 레버리지(팀 구축)

3) 자원 배분 계획 각 레버리지 구축에 어떤 자원(시간, 돈, 에너지)을 얼마나 배분할지 결정합니다.

예시:

- 정보 레버리지 구축: 주 10시간, 초기 투자 500만원
- 관계 레버리지 구축: 주 5시간, 네트워킹 예산 월 50만원
- 금융 레버리지 구축: 주 3시간, 투자 가능 자본 5,000만원

실제 포트폴리오 설계 사례:

P씨의 레버리지 포트폴리오 설계는 다음과 같았습니다:

- 단기(6개월): 무역 지식을 온라인 교육 프로그램으로 자산화 (정보 레버리지)
- 중기(1년): 교육 수익을 활용해 추가 임대용 부동산 취득(금융 레버리지)
- 장기(2년): 산업 전문가 커뮤니티 구축 및 멤버십 프로그램 운영(관계 레버리지)

이 세 가지 레버리지가 시너지를 이루도록 설계했습니다. 정보 레버리지를 통해 얻은 수익으로 금융 레버리지를 확대하고, 동시에 구축된 커뮤니티를 통해 더 많은 사업 기회와 정보를 확보하는 선순환 구조를 만들었습니다.

3. 레버리지 시스템 구축하기

포트폴리오 설계 후에는 실제로 각 레버리지를 구축하고 관리하는 시스템을 만들어야 합니다.

시스템 구축 단계:

1) 습관과 루틴 개발 레버리지 구축을 위한 일상적 습관과 루틴을 개발합니다.

   예시:

   - 매주 월요일 아침: 금융 레버리지 점검 및 최적화
   - 매일 오전 8-10시: 정보 레버리지를 위한 콘텐츠 제작
   - 매주 목요일 저녁: 관계 레버리지를 위한 네트워킹 활동

2) 툴과 프로세스 구축 각 레버리지를 효율적으로 관리할 수 있는 도구와 프로세스를 구축합니다.

   예시:

   - 금융 레버리지: 투자 추적 스프레드시트, 현금 흐름 모니터링

시스템
- 정보 레버리지: 콘텐츠 관리 시스템, 지식 데이터베이스
- 관계 레버리지: CRM 시스템, 네트워킹 일정 관리 도구

3) 측정 및 최적화 시스템 각 레버리지의 효과를 측정하고 지속적으로 최적화하는 시스템을 구축합니다.

예시:
- 금융 레버리지: 월간 ROI 분석, 자본 효율성 지표
- 정보 레버리지: 콘텐츠 효과 측정, 지식 자산 수익률
- 관계 레버리지: 네트워크 가치 평가, 관계 ROI 분석

A씨는 매주 월요일을 '레버리지 관리의 날'로 지정했습니다. 이 날은 각 레버리지의 현황을 점검하고 다음 단계를 계획하는 데 집중했습니다. 또한 세 가지 핵심 시스템을 구축했습니다:

1. 투자 대시보드: 모든 금융 레버리지(부동산, 사업체, 주식 등)의 성과를 한눈에 볼 수 있는 시스템
2. 콘텐츠 일정 관리 시스템: 온라인 교육 콘텐츠 제작과 배포를 자동화하는 시스템
3. 관계 맵 시스템: 핵심 네트워크 관계를 시각화하고 관리하는 시스템

이 세 시스템을 통해 세 가지 레버리지를 일관되고 체계적으로

관리할 수 있었습니다.

4. 레버리지 확장과 최적화

레버리지 포트폴리오는 정적인 것이 아니라 지속적으로 성장하고 진화해야 합니다.

확장 및 최적화 전략:

1) 레버리지 스태킹 여러 레버리지를 쌓아 올려 복합적인 효과를 창출합니다.

   예시:

   • 금융 레버리지로 취득한 부동산(자산) → 이 자산에 대한 전문성 개발(정보 레버리지) → 부동산 투자자 커뮤니티 구축(관계 레버리지) → 더 많은 자본 유치(강화된 금융 레버리지)

2) 자동화와 위임 가능한 많은 레버리지 활동을 자동화하거나 위임하여 개인적 시간과 에너지 소비를 최소화합니다.
3) 새로운 레버리지 기회 탐색 기술 발전, 시장 변화, 트렌드 등에 따른 새로운 레버리지 기회를 지속적으로 탐색합니다.

처음 구축한 레버리지 포트폴리오의 성공을 기반으로, K씨는 다음과 같이 확장했습니다:

• 온라인 교육 플랫폼(정보 레버리지)을 외부 투자를 통해 확장

(금융 레버리지)
- 구축된 전문가 네트워크(관계 레버리지)를 활용해 국제 무역 컨설팅 사업 시작
- AI와 데이터 분석(기술 레버리지)을 도입해 투자 의사결정 최적화

이러한 레버리지 확장을 통해 초기의 노력과 투자보다 훨씬 큰 결과를 창출할 수 있었습니다.

5. 나만의 레버리지 방정식 만들기

마지막으로, 자신만의 고유한 '레버리지 방정식'을 개발해야 합니다. 이는 당신의 상황, 강점, 목표에 맞게 서로 다른 레버리지를 결합하는 독특한 공식입니다.

레버리지 방정식 개발 단계:

1) 핵심 레버리지 식별 자신에게 가장 효과적인 1-3개의 핵심 레버리지를 식별합니다.
2) 상승 효과 설계 이들 레버리지가 어떻게 서로를 강화할 수 있는지 구체적인 연결 고리를 설계합니다.
3) 개인화된 공식 개발 자신만의 상황과 목표에 맞는 고유한 레버리지 방정식을 개발합니다.

L씨의 레버리지 방정식은 다음과 같습니다:

- "지식 자산화(정보 레버리지) × 전략적 네트워크(관계 레버리지) × 현금 흐름 창출 자산(금융 레버리지) = 경제적 자유"

이 방정식에서 각 요소는 곱셈적으로 작용합니다. 즉, 하나의 레버리지가 2배로 증가하면 전체 결과는 2배가 아니라 그 이상으로 증가합니다. 또한 어느 하나라도 0이 되면 전체 결과도 0이 됩니다. 따라서 모든 레버리지 요소에 최소한의 임계값 이상을 유지하는 것이 중요합니다.

레버리지의 6가지 원칙

레버리지를 효과적으로 구축하고 활용하기 위한 6가지 핵심 원칙을 알아보겠습니다.

1. 집중의 원칙

모든 레버리지가 동등하게 중요하지 않습니다. 특정 시점에서 가장 큰 효과를 낼 수 있는 레버리지에 집중해야 합니다.

적용 방법:
- 현재 가장 강력한 레버리지 포인트를 파악하세요
- 노력과 자원을 그 지점에 집중하세요
- 다른 레버리지는 유지 관리 수준으로만 관리하세요

N씨는 초기에 너무 많은 레버리지를 동시에 구축하려다 모두 중간 정도의 성과만 얻었습니다. 그 후 전략을 바꿔 6개월간 온라인

교육 플랫폼(정보 레버리지) 구축에만 집중했습니다. 그 결과 단기간에 강력한 레버리지 포인트를 확보할 수 있었고, 이를 기반으로 다른 레버리지 구축이 훨씬 수월해졌습니다.

2. 복합 효과의 원칙

여러 레버리지가 결합될 때, 그 효과는 단순 합이 아니라 곱셈적으로 나타납니다.

적용 방법:

- 서로 다른 레버리지 간의 시너지를 찾으세요
- 하나의 레버리지가 다른 레버리지를 강화하는 설계를 하세요
- 레버리지 간의 연결 고리를 명확히 정의하세요

P씨는 부동산 투자(금융 레버리지)와 업계 네트워크(관계 레버리지)를 결합했을 때, 단순히 두 가지 개별 효과의 합보다 훨씬 큰 결과를 얻었습니다. 네트워크를 통해 시장에 나오기 전의 좋은 매물 정보를 얻을 수 있었고, 이는 투자 수익률을 크게 향상시켰습니다.

3. 임계점의 원칙

모든 레버리지는 '임계점'에 도달해야 진정한 효과를 발휘합니다. 임계점 이전의 노력은 종종 가시적인 결과로 이어지지 않습니다.

적용 방법:

- 각 레버리지의 임계점이 어디인지 파악하세요

- 임계점에 도달할 때까지 꾸준히 투자하세요
- 임계점 도달 전에 포기하지 마세요

A씨는 온라인 콘텐츠(정보 레버리지) 제작 초기에는 거의 반응이 없었습니다. 약 6개월간 꾸준히 양질의 콘텐츠를 제작한 후, 갑자기 구독자와 조회수가 급증하기 시작했습니다. 임계점에 도달한 것입니다. 많은 사람들이 이 임계점에 도달하기 전에 포기하고 맙니다.

4. 확장성의 원칙

진정한 레버리지는 규모에 상관없이 효과적으로 작동하고, 확장될 수록 더 효율적이 됩니다.

적용 방법:
- 확장 가능한 레버리지 모델을 설계하세요
- 확장을 방해하는 병목 현상을 제거하세요
- 규모의 경제가 작동하는 지점을 찾으세요

C씨는 개인 컨설팅(시간당 수익)에서 온라인 교육 프로그램(확장 가능한 수익)으로 비즈니스 모델을 전환했을 때, 처음에는 수익이 감소했지만 시간이 지나면서 훨씬 큰 규모로 확장할 수 있었습니다. 초기에는 10명의 고객을 상대하는 것이 100명을 상대하는 것보다 쉬웠지만, 시스템이 구축된 후에는 1,000명을 상대하는 것이 100명을 상대하는 것보다 효율적이었습니다.

5. 유지보수의 원칙

모든 레버리지는 지속적인 유지보수와 업데이트가 필요합니다. 방치된 레버리지는 점차 효과가 감소합니다.

적용 방법:

- 각 레버리지에 대한 정기적인 점검 일정을 세우세요
- 변화하는 환경에 맞춰 레버리지를 업데이트하세요
- 레버리지 유지보수를 자동화하거나 위임하세요

J씨는 한동안 관계 네트워크 유지에 소홀했을 때, 중요한 정보와 기회를 놓치게 되었습니다. 이후 '관계 관리 시스템'을 구축하여 중요한 관계를 정기적으로 관리하는 습관을 들였고, 그 결과 네트워크 레버리지의 효과가 크게 향상되었습니다.

6. 윤리적 균형의 원칙

지속 가능한 레버리지는 모든 관련 당사자에게 가치를 창출해야 합니다. 한쪽에만 이익이 되는 레버리지는 장기적으로 지속되기 어렵습니다.

적용 방법:

- 모든 레버리지 관계에서 상호 이익을 추구하세요
- 윤리적 경계를 명확히 설정하고 존중하세요
- 장기적 관점에서 가치 창출에 집중하세요

Y씨는 사업 초기에 단기적 이익 극대화에 집중하여 일부 비즈니스 파트너들과의 관계가 악화된 경험이 있었습니다. 이후 접근 방식을 바꿔 모든 이해관계자(고객, 파트너, 직원, 투자자)에게 가치를 창출하는 방식으로 레버리지를 설계했고, 이는 장기적으로 훨씬 더 강력하고 지속 가능한 레버리지를 구축하는 결과로 이어졌습니다.

레버리지의 함정과 주의점

레버리지는 강력한 도구이지만, 잘못 사용하면 심각한 위험을 초래할 수 있습니다. 주요 함정과 그 대응책을 살펴보겠습니다.

1. 과도한 금융 레버리지의 위험

금융 레버리지는 양날의 검입니다. 적절히 사용하면 수익을 증폭시키지만, 과도하게 사용하면 재정적 재앙을 초래할 수 있습니다.

주의점:
- 현금 흐름이 레버리지 비용(이자 등)을 충분히 상회해야 합니다
- 최악의 시나리오를 항상 시뮬레이션하세요
- 총 부채 대비 자산 비율을 안전한 수준으로 유지하세요

대응 전략:
- 금융 레버리지 사용에 명확한 한계를 설정하세요(예: 자산 가치의 70% 이내)
- 비상 자금을 충분히 유지하세요(최소 6개월치 의무 지출)

- 다양한 만기 구조로 부채를 분산하세요

2. 시간 레버리지의 함정

다른 사람의 시간을 활용하는 것은 효과적이지만, 잘못하면 관계 악화와 품질 저하로 이어질 수 있습니다.

주의점:
- 적절한 훈련과 지침 없이 위임하면 실패할 가능성이 높습니다
- 모든 것을 위임하면 핵심 역량이 약화될 수 있습니다
- 과도한 마이크로매니징은 시간 레버리지의 효과를 감소시킵니다

대응 전략:
- 명확한 프로세스와 기대치를 설정하세요
- 핵심 역량은 직접 유지하고, 나머지를 위임하세요
- 결과 중심의 관리 시스템을 구축하세요

3. 정보 레버리지의 유효 기간

정보와 지식은 시간이 지남에 따라 가치가 감소합니다. 특히 빠르게 변화하는 분야에서는 더욱 그렇습니다.

주의점:
- 과거 성공 경험에 기반한 오래된 정보에 의존하지 마세요
- 정보 독점이 장기적으로 지속되기는 어렵습니다

- 정보만으로는 충분하지 않으며, 행동으로 옮겨야 합니다

대응 전략:

- 지속적인 학습과 정보 업데이트 시스템을 구축하세요
- 단순한 정보를 넘어 통찰력과 판단력을 개발하세요
- 정보를 신속하게 적용하고 실행하는 능력을 키우세요

4. 관계 레버리지의 균형

관계를 레버리지로만 보면 결국 관계가 악화되고 네트워크 가치가 감소합니다.

주의점:

- 단기적 이익을 위해 관계를 희생하지 마세요
- 일방적으로 도움만 요청하면 관계가 소진됩니다
- 너무 많은 관계를 유지하려면 각 관계의 깊이가 감소합니다

대응 전략:

- 가치 교환의 균형을 유지하세요(받기 전에 먼저 주세요)
- 깊이 있는 핵심 관계와 폭넓은 일반 관계의 균형을 맞추세요
- 진정성과 신뢰를 최우선으로 유지하세요

레버리지 성공 사례 연구: 한민수(가명)의 이야기

레버리지의 개념과 원칙을 더 구체적으로 이해하기 위해, 실제 성공 사례를 자세히 살펴보겠습니다.

한민수는 35세의 평범한 회사원이었습니다. 월급만으로는 원하는 삶을 살기 어렵다고 느낀 그는 레버리지 전략을 활용해 5년 만에 경제적 자유를 달성했습니다.

초기 상황:
- 안정적이지만 성장 가능성이 제한된 월급
- 약간의 저축(3,000만원)
- IT 분야의 전문 지식
- 제한된 네트워크(주로 직장 동료들)

1단계: 정보 레버리지 구축 한민수는 자신의 IT 전문 지식을 블로그와 유튜브 채널을 통해 공유하기 시작했습니다. 초기 6개월간 거의 반응이 없었지만, 꾸준히 콘텐츠를 제작했습니다. 1년 후, 그의 채널은 월 1만 명 이상의 방문자를 유치하게 되었고, 광고 수익과 제휴 마케팅으로 월 100만원의 부수입이 생겼습니다.

핵심 전략:
- 틈새 분야(클라우드 보안)에 집중
- 주 3회 꾸준한 콘텐츠 업데이트
- 독자 질문에 성실히 답변하여 커뮤니티 구축

2단계: 관계 레버리지 확장 콘텐츠 제작을 통해 업계 전문가들과 자연스럽게 연결되기 시작했습니다. 한민수는 의도적으로 네트워킹에 시간을 투자하여 클라우드 보안 분야의 주요 인플루언서들과 관계를 구축했습니다.

핵심 전략:
- 업계 컨퍼런스 및 밋업에 정기적 참석
- 영향력 있는 전문가들과의 인터뷰 콘텐츠 제작
- 지식과 자원을 먼저 공유하는 "기브 퍼스트" 접근법

3단계: 금융 레버리지 활용 온라인 존재감과 네트워크를 바탕으로, 한민수는 클라우드 보안 컨설팅 사업을 시작했습니다. 초기 저축(3,000만원)을 투자하고, 추가로 소규모 투자자들로부터 자금을 조달했습니다.

핵심 전략:
- 저위험 사업 모델 설계(초기 고정 비용 최소화)
- 선불 계약을 통한 현금 흐름 확보
- 투자자에게 명확한 가치 제안과 투명한 보고 시스템

4단계: 시스템 레버리지 구축 사업이 성장하면서, 한민수는 모든 것을 직접 하는 내신 시스템과 팀을 구축했습니다.

핵심 전략:
- 핵심 프로세스 문서화 및 자동화
- 전문 영역별 인재 채용
- 성과 연동형 보상 시스템 설계

5단계: 복합 레버리지 효과 창출 각 레버리지가 서로를 강화하는 선순환 구조를 만들었습니다.

- 콘텐츠(정보 레버리지) → 신뢰 구축 → 고객 유치
- 네트워크(관계 레버리지) → 사업 기회 창출 → 수익 증가
- 시스템(시간 레버리지) → 확장성 확보 → 규모의 경제

결과: 5년 후, 한민수의 컨설팅 회사는 연간 10억 원 이상의 매출을 올리게 되었고, 그는 주 10시간만 일하면서도 월 3,000만원 이상의 수입을 얻게 되었습니다. 그의 지식과 콘텐츠는 자동으로 고객을 유치했고, 훈련된 팀이 대부분의 업무를 처리했으며, 구축된 시스템이 일관된 가치를 제공했습니다.

핵심 교훈:

1. 작은 것에서 시작하되, 확장 가능한 모델을 설계하세요
2. 한 번에 하나의 레버리지에 집중하고, 점진적으로 확장하세요
3. 각 레버리지가 서로를 강화하는 구조를 만드세요
4. 인내심을 가지고 임계점에 도달할 때까지 꾸준히 투자하세요
5. 궁극적으로는 시스템을 구축하여 자신의 직접적인 노력 없이도 가치가 창출되도록 하세요

나만의 레버리지 액션 플랜

이제 이론과 사례를 배웠으니, 실제로 행동으로 옮길 차례입니

다. 다음 액션 플랜을 통해 자신만의 레버리지 전략을 수립하고 실행해 보세요.

30일 레버리지 부트캠프

1~10일: 현황 분석과 목표 설정
- 현재 보유한 레버리지 자산 목록 작성
- 가장 큰 레버리지 기회 3가지 식별
- 90일, 1년, 3년 레버리지 목표 설정

11~20일: 첫 번째 레버리지 구축 시작
- 가장 높은 우선순위의 레버리지에 집중
- 매일 최소 1시간 투자
- 첫 번째 성과 지표 설정 및 추적

2~-30일: 시스템화와 습관 형성
- 레버리지 구축을 위한 일상적 습관 개발
- 진행 상황 측정 시스템 구축
- 초기 결과 평가 및 전략 조정

레버리지 마스터의 길
레버리지는 게임 메이커의 가장 강력한 도구입니다. 플레이어는 자신의 시간과 노력으로 결과를 만들어내지만, 메이커는 레버리지를 통해 자신의 직접적인 투입보다 훨씬 큰 결과를 창출합니다.

금융, 정보, 관계 레버리지를 전략적으로 구축하고 조합함으로써, 당신도 '작은 노력으로 큰 결과'를 만들어내는 게임 메이커가 될 수 있습니다.

기억하세요. 레버리지는 하루아침에 구축되지 않습니다. 인내심을 갖고 꾸준히 투자하며, 임계점에 도달할 때까지 포기하지 마세요. 그 지점을 넘어서면, 당신의 노력 대비 결과는 기하급수적으로 증가할 것입니다.

다음 장에서는 위기 상황에서 게임 메이커들이 어떻게 기회를 포착하고 새로운 게임판을 짜는지 알아보겠습니다. 위기는 위험이자 기회입니다. 준비된 메이커에게는 위기가 오히려 도약의 발판이 될 수 있습니다.

지금 바로 당신만의 레버리지 여정을 시작하세요. 작은 첫 걸음이 큰 변화의 시작입니다.

7장. 레버리지 전략

[레버리지 3법칙]
"메이커는 힘을 분산하지 않는다"

1. 돈의 레버리지: 남의 돈을 빌려 자산을 키운다
2. 시간의 레버리지: 남의 시간을 활용한다
3. 기술의 레버리지: 자동화로 확장한다

Learning Note :

8장.

위기에서
판을 짜는 사람들

위기 시 부의 재편 과정

"위기는 기회다." 이 흔한 말은 대부분의 사람에게는 공허한 위로에 불과하지만, 진정한 게임 메이커에게는 실질적인 진리입니다. 경제적 위기는 단순한 하락기가 아니라, 부의 재편 과정입니다. 기존의 게임판이 뒤흔들리고, 새로운 룰이 정립되는 순간이죠. 이 과정에서 대부분은 피해자가 되지만, 소수는 새로운 게임판의 설계자가 됩니다.

"나는 고통스러운 IMF 외환위기 시기에 모든 것을 잃었지만, 동시에 모든 것을 얻었다."

제가 종종 강연에서 하는 말입니다. 1997년 IMF 위기는 저에게 둘도 없는 스승이었습니다. 평생 모아온 자산은 하루아침에 증발했지만, 그 과정에서 위기의 본질과 기회를 포착하는 안목을 얻었습니다. 그리고 이후의 모든 위기—2008년 글로벌 금융위기, 2020년 코로나 팬데믹, 그리고 앞으로 다가올 위기들—을 대하는 근본적인 관점이 달라졌습니다.

위기는 예외적인 사건이 아니라 경제 사이클의 필연적인 부분입니다. 그리고 이러한 위기 상황에서 부의 대이동이 일어납니다. 어떤 사람들은 부를 잃고, 다른 사람들은 부를 획득합니다. 문제는 당신이 어느 쪽에 속할 것인가입니다.

위기의 4단계 사이클

모든 경제적 위기는 예측 가능한 패턴을 따라 전개됩니다. 이 패턴을 이해하면 위기를 더 효과적으로 헤쳐나갈 수 있습니다.

1단계: 과열기 (Boom)

위기는 항상 과열에서 시작됩니다. 주식 시장, 부동산 시장, 암호화폐, 또는 특정 산업 분야가 비정상적으로 빠르게 성장합니다. 많은 사람들이 쉽게 돈을 벌고, 위험 감수 성향이 높아지며, "이번에는 다르다"는 믿음이 퍼집니다.

과열기의 특징:

- 자산 가격의 급격한 상승
- 투기적 투자의 증가
- 과도한 낙관론과 "영원히 상승할 것"이라는 믿음
- 위험에 대한 경계심 저하
- 부채 수준의 증가

2008년 글로벌 금융위기 이전, 미국 주택 시장은 역사적인 과열

상태였습니다. "주택 가격은 절대 하락하지 않는다"는 믿음이 팽배했고, 신용도가 낮은 사람들에게도 막대한 모기지 대출이 이루어졌습니다. 이러한 서브프라임 모기지는 다시 복잡한 금융상품으로 재포장되어 전 세계에 판매되었습니다.

2단계: 붕괴기 (Bust)

모든 과열은 결국 한계에 도달합니다. 작은 균열이 시작되고, 이것이 점차 확대되어 결국 전체 시스템의 붕괴로 이어집니다. 이 시기에 공포와 패닉이 확산되고, 자산 가격이 급락합니다.

> **붕괴기의 특징:**
> - 자산 가격의 급격한 하락
> - 유동성 위기와 신용 경색
> - 기업 파산과 대량 해고
> - 소비자 신뢰 하락
> - 정부와 중앙은행의 긴급 개입

2008년 9월, 리먼 브라더스의 파산은 글로벌 금융 시스템의 붕괴를 촉발했습니다. 신용 시장이 얼어붙었고, 주요 금융 기관들이 연쇄적으로 위기에 빠졌습니다. 주식 시장은 폭락했고, 실업률은 급증했습니다. 미국 정부와 연준은 7,000억 달러 규모의 구제 금융과 대규모 양적 완화 정책으로 대응했습니다.

제가 남대문 시장에서 경험한 1997년 IMF 위기도 마찬가지였습니다. 하루아침에 환율이 두 배로 뛰었고, 외상으로 물건을 판매

했던 많은 상인들이 부도를 맞았습니다. 국가 부도 위기 상황에서 IMF의 구제 금융이 유입되었고, 한국 경제는 극심한 구조조정을 겪어야 했습니다.

3단계: 조정기 (Adjustment)

붕괴 이후에는 조정 과정이 진행됩니다. 정부와 중앙은행의 개입, 시장 메커니즘, 그리고 경제 주체들의 적응을 통해 점진적으로 안정을 찾아갑니다. 이 과정에서 비효율적인 기업들은 퇴출되고, 자산은 새로운 소유자에게 이전됩니다.

조정기의 특징:
- 과잉 부채의 해소(디레버리징)
- 비효율적 기업의 구조조정 또는 청산
- 새로운 규제의 도입
- 자산의 소유권 변동
- 소비자와 기업의 행동 패턴 변화

2009-2012년 기간 동안, 미국 경제는 점진적인 회복 과정을 겪었습니다. 금융 기관들은 자본을 확충하고 위험 자산을 정리했습니다. 도드-프랭크 법안 같은 새로운 금융 규제가 도입되었고, 주택 소유자들은 부채를 줄이는 데 집중했습니다. 이 과정에서 많은 자산이 저평가된 가격에 거래되었고, 현금을 보유한 투자자들에게 기회의 창이 열렸습니다.

IMF 위기 당시에도 한국은 극도로 고통스러운 구조조정 과정을 겪었습니다. 재벌 기업들이 해체되거나 외국 자본에 매각되었고, 평생 직장이라는 개념이 사라졌습니다. 그러나 이 과정에서 한국 경제는 더 효율적이고 경쟁력 있는 시스템으로 진화했습니다.

4단계: 회복기 (Recovery)

충분한 조정이 이루어지면, 마침내 경제는 회복 단계에 접어듭니다. 새로운 성장 동력이 등장하고, 점차 신뢰가 회복되며, 경제 활동이 정상화됩니다.

> **회복기의 특징:**
> - 경제 성장의 재개
> - 고용 시장의 회복
> - 소비자 신뢰 복귀
> - 새로운 산업과 비즈니스 모델의 부상
> - 투자와 혁신의 재개

2013년 이후, 미국 경제는 지속적인 회복세를 보였습니다. 실업률이 하락하고 주택 시장이 안정을 찾았습니다. 특히 주목할 만한 것은 기술 섹터의 급성장이었습니다. 애플, 아마존, 구글과 같은 기업들은 위기 이후의 디지털 전환을 주도하며 엄청난 성장을 이루었습니다.

IMF 위기 이후 한국의 경제 회복은 더욱 극적이었습니다. IT 산업과 문화 콘텐츠가 새로운 성장 동력으로 부상했고, 삼성전자를 비롯한 일부 기업들은 글로벌 리더로 도약했습니다. 위기를 통해 단련된 한국 경제는 이전보다 더 강한 체질로 재탄생했습니다.

위기에 따른 부의 이동 패턴

위기의 각 단계에서 부는 특정한 패턴에 따라 이동합니다. 이 패턴을 이해하면 위기가 발생했을 때 어디로 포지셔닝해야 하는지 알 수 있습니다.

1. 유동성에서 경직성으로, 그리고 다시 반대로

과열기에는 유동성(현금)이 주식, 부동산, 사업체와 같은 경직성 자산으로 이동합니다. 모두가 "빨리 투자하지 않으면 기회를 놓친다"고 생각하기 때문입니다.

반면 붕괴기에는 반대 현상이 일어납니다. 모두가 경직성 자산을 현금화하려고 하지만, 살 사람이 없어 가격이 폭락합니다. 이때 현금을 보유한 사람들이 왕이 됩니다.

조정기와 회복기에는 다시 유동성이 점진적으로 경직성 자산으로 이동하기 시작합니다. 이 시기에 저평가된 자산을 매입한 투자자들이 큰 수익을 얻게 됩니다.

2008년 금융위기 당시, 워렌 버핏은 위기 이전부터 현금 비중을 높여왔습니다. 시장이 붕괴되자, 그는 이 현금을 활용해 골드만삭스와 뱅크오브아메리카와 같은 대형 금융기관에 500억 달러 이상을 투자했습니다. 위기가 해소된 후, 이 투자는 2-3배의 수익으로 돌아왔습니다.

2. 레버리지에서 디레버리징으로

과열기에는 레버리지(부채)의 활용이 극대화됩니다. 낮은 금리와 쉬운 대출 조건을 바탕으로, 개인과 기업들은 적은 자본으로 큰 포지션을 취합니다.

붕괴기에는 디레버리징이 급격하게 진행됩니다. 부채를 상환하기 위해 자산을 헐값에 매각해야 하는 상황이 발생하고, 이것이 가격 하락을 더욱 가속화합니다.

조정기에는 건전한 부채 수준으로의 재조정이 일어납니다. 이 과정에서 부채 비율이 낮고 현금 흐름이 안정적인 개인과 기업이 유리한 위치를 차지합니다.

2008년 위기 이전, 많은 미국 가계는 소득 대비 과도한 주택담보대출을 보유하고 있었습니다. 주택 가격이 하락하자, 이들은 "수중 모기지"(underwater mortgage) 상태에 빠졌고, 많은 이들이 주택을 잃었습니다. 반면, 부채 비율이 낮았던 가계는 위기를 견뎌내고, 나중에 저평가된 주택을 매입할 수 있었습니다.

3. 분산에서 집중으로

부의 재분배는 위기 동안 가속화됩니다. 위기 이전에는 상대적으로 많은 사람들이 자산의 증가를 경험하지만, 위기를 거치면서 부는 소수에게 집중되는 경향이 있습니다.

이는 위기를 효과적으로 헤쳐나갈 수 있는 지식, 자원, 네트워크를 가진 사람들이 제한적이기 때문입니다. 게임 메이커들은 이 과정에서 오히려 자산을 확대합니다.

2008년 금융위기 이후 미국의 부의 불평등이 심화되었습니다.

2009년에서 2012년 사이, 상위 1%는 총 회복된 소득의 95%를 차지했습니다. 위기 이후 주식 시장이 회복되면서 자산을 보유한 계층은 혜택을 받았지만, 일자리를 잃거나 주택을 잃은 많은 중산층과 저소득층은 회복의 혜택을 누리지 못했습니다.

4. 구산업에서 신산업으로

위기는 종종 창조적 파괴의 촉매제 역할을 합니다. 기존의 비효율적인 산업과 비즈니스 모델이 도태되고, 새로운 혁신적 산업이 부상합니다.

이 과정에서 구산업에 묶여 있던 자본, 인재, 기타 자원들이 새로운 성장 영역으로 이동합니다.

2008년 금융위기 이후, 전통적인 소매업과 미디어 산업이 쇠퇴한 반면, 디지털 플랫폼과 기술 기업들이 급성장했습니다. 에어비앤비, 우버와 같은 혁신적인 비즈니스 모델이 위기 직후에 등장하여 급성장했습니다. 이들은 위기로 인해 변화된 소비자 행동과 경제적 니즈에 부합했기 때문입니다.

코로나 팬데믹 위기도 마찬가지였습니다. 전통적인 오프라인 비즈니스가 큰 타격을 입은 반면, 원격 근무 솔루션, 전자상거래, 디지털 엔터테인먼트 등의 분야는 오히려 급성장했습니다.

메이커들의 기회 포착 전략

위기의 본질과 부의 이동 패턴을 이해했다면, 이제 게임 메이커들이 위기 상황에서 어떻게 기회를 포착하는지 알아보겠습니다. 이들은 단순히 위기에 반응하는 것이 아니라, 위기 속에서 새로운 게임판을 설계합니다.

1. 위기 예측과 준비 전략

진정한 게임 메이커는 위기가 닥치기 전에 이미 준비를 시작합니다. 그들은 과열의 징후를 포착하고, 붕괴에 대비합니다.

구체적 전략:

조기 경고 신호 모니터링

모든 위기 전에는 경고 신호가 존재합니다. 이러한 신호를 체계적으로 모니터링하면 위기를 예측하고 준비할 수 있습니다.

주요 모니터링 지표:

- 자산 가격 대비 수익률(주가수익비율, 임대수익률 등)
- 부채 수준(정부, 기업, 가계)
- 금리와 인플레이션 추세
- 투자 심리 지표(공포-탐욕 지수, VIX 등)
- 유동성 지표(통화 공급량, 중앙은행 정책 등)

2006-2007년, 헤지펀드 매니저 마이클 버리는 미국 주택 시장의 거품을 감지했습니다. 그는 모기지 연체율 상승, 주택가격 대비 소득 비율의 비정상적 증가, 서브프라임 모기지의 급증 등의 신호를 포착했습니다. 이를 바탕으로 주택담보증권(MBS)에 대한 대규모 숏 포지션을 취했고, 위기가 발생했을 때 약 10억 달러의 수익을 올렸습니다.

안전망 구축

위기에 대비하여 사전에 안전망을 구축하는 것이 중요합니다. 이는 단순히 현금을 보유하는 것을 넘어, 다양한 형태의 보호 장치를 마련하는 것을 의미합니다.

주요 안전망:
- 충분한 비상 현금 준비(최소 6-12개월치 생활/운영 비용)
- 부채 비율 관리와 변동금리 노출 최소화
- 포트폴리오 분산(지역, 자산 클래스, 통화 등)
- 헤지 전략 활용(옵션, 역상관 자산 등)
- 비즈니스 모델의 유연성 확보

N씨의 경우, IMF 위기를 겪은 후로는 항상 총 자산의 20-30%를 유동성 자산으로 유지하는 원칙을 세웠습니다. 2008년 금융위기와 2020년 코로나 위기 모두 이러한 준비 덕분에 피해를 최소화하고, 오히려 기회를 활용할 수 있었습니다. 특히 2020년 3월 주식시장 폭락 때는 보유 현금의 상당 부분을 투자하여 이후 회복기에 상당한 수익을 올릴 수 있었습니다.

시나리오 계획

미래를 정확히 예측하는 것은 불가능하지만, 다양한 시나리오에 대비하는 것은 가능합니다. 시나리오 계획은 다양한 위기 상황을 가정하고, 각 상황에 대한 대응 전략을 사전에 수립하는 것입니다.

시나리오 계획 단계:

1. 주요 불확실성 요소 식별(금리, 인플레이션, 지정학적 리스크 등)
2. 2-4개의 현실적 시나리오 개발
3. 각 시나리오별 영향 분석
4. 시나리오별 대응 전략 수립
5. 조기 경고 지표 설정 및 모니터링

팬데믹 이전인 2019년, 마이크로소프트는 다양한 위기 시나리오에 대한 계획을 수립했습니다. 그 중에는 글로벌 팬데믹 상황도 포함되어 있었습니다. 코로나19가 발생했을 때, 마이크로소프트는 신속하게 원격 근무 체제로 전환할 수 있었고, 동시에 Teams와 같은 협업 도구에 대한 수요 급증에 효과적으로 대응할 수 있었습니다.

2. 위기 중 기회 포착 전략

위기가 실제로 발생했을 때, 대부분의 사람들은 공포에 사로잡혀 행동할 수 없게 됩니다. 그러나 게임 메이커들은 이때 가장 활발하게 움직입니다.

구체적 전략:

역발상 투자

"피가 거리에 흐를 때 매수하라"는 워렌 버핏의 격언처럼,

대중적 공포가 극에 달했을 때 역발상 투자를 하는 전략입니다.

역발상 투자 원칙:
- 대중 심리와 반대로 행동하기
- 내재가치와 현재 가격의 괴리에 집중하기
- 장기적 관점 유지하기
- 단계적으로 매수하기(일시에 모든 자금을 투입하지 않음)
- 인내심을 가지고 회복을 기다리기

2008-2009년 금융위기 당시, 코스트코의 주가는 거의 반 토막 났습니다. 그러나 실제 사업은 여전히 건전했고, 오히려 경기 침체기에 소비자들이 저가 대량 구매를 선호하면서 매출은 견조했습니다. 이때 역발상 투자를 한 사람들은 이후 10년간 약 10배의 수익을 올렸습니다.

P씨의 경우, IMF 위기 직후 부동산 시장이 붕괴되었을 때 마지막 남은 자금으로 강남의 소형 아파트를 매입했습니다. 당시에는 무모한 결정처럼 보였지만, 3년 후 그 부동산 가치는 두 배 이상 증가했고, 이것이 그의 재기의 발판이 되었습니다.

파괴적 혁신 기회 포착

위기는 기존 산업과 비즈니스 모델의 취약점을 드러냅니다. 이때 파괴적 혁신을 통해 새로운 게임판을 설계할 수 있는 기회가 생깁니다.

혁신 기회 포착 방법:

- 위기로 인해 변화된 소비자 니즈 파악하기
- 기존 산업의 비효율성과 문제점 분석하기
- 디지털 전환 가속화 기회 찾기
- 자원(인재, 자본, 기술 등)의 가용성 활용하기
- 빠른 프로토타이핑과 피봇을 통한 시장 검증

2008년 금융위기 직후, 브라이언 체스키와 조 게비아는 에어비앤비를 창업했습니다. 당시 많은 사람들이 추가 수입이 필요했고, 동시에 저렴한 숙박 옵션을 찾고 있었습니다. 이 틈새를 파고든 에어비앤비는 급성장하여 현재 글로벌 기업이 되었습니다.

코로나 팬데믹 시기에도 Zoom, Instacart, 테슬라와 같은 기업들은 위기 속에서 오히려 성장했습니다. 이들은 변화된 환경에 빠르게 적응하고, 새로운 소비자 니즈를 충족시켰기 때문입니다.

저평가 자산 인수

위기 시에는 양질의 자산이 실제 가치보다 훨씬 저평가되는 경우가 많습니다. 이때 전략적으로 자산을 인수하면 장기적으로 큰 수익을 얻을 수 있습니다.

인수 전략의 핵심:

- 현금 흐름이 안정적인 자산에 집중하기
- 불가역적 경쟁 우위를 가진 비즈니스 찾기
- 인수 후 시너지와 개선 가능성 평가하기
- 자금 조달 방법과 조건 최적화하기
- 인수 후 통합 계획 수립하기

2009년, 디즈니는 경기 침체로 어려움을 겪던 마블 엔터테인먼트를 42억 달러에 인수했습니다. 당시에는 높은 가격처럼 보였지만, 이후 마블 영화는 디즈니에 300억 달러 이상의 수익을 가져다주었습니다.

한국의 IMF 위기 당시, 삼성전자는 대규모 구조조정 중에도 반도체와 디스플레이 분야에 대한 투자를 오히려 확대했습니다. 다른 경쟁사들이 투자를 축소하는 동안, 삼성은 시장 점유율을 확대했고, 이것이 현재 글로벌 리더십의 기반이 되었습니다.

3. 위기 이후 재구성 전략

위기가 지나간 후에는 새로운 질서가 형성됩니다. 이 시기에 게임 메이커들은 미래를 위한 새로운 게임판을 설계합니다.

구체적 전략:

트렌드 가속화 식별과 포지셔닝

위기는 종종 이미 진행 중이던 트렌드를 가속화합니다. 이러한 장기적 트렌드를 식별하고 그에 맞춰 포지셔닝하는 것이 중요합니다.

트렌드 식별 방법:

- 위기 전후의 소비자 행동 변화 분석하기
- 정부 정책과 규제 방향 모니터링하기
- 기술 채택 속도의 변화 주시하기
- 새로운 비즈니스 모델의 등장과 확산 추적하기
- 업계 리더와 혁신자들의 움직임 관찰하기

사례: 개인 투자자 정진우(가명)의 IMF 위기 극복과 부동산 포트폴리오 구축

배경: 정진우는 평범한 회사원이었습니다. 1997년 IMF 위기가 닥쳤을 때, 그는 중소기업 마케팅 부서에서 일하고 있었고, 그동안 모아둔 3,000만 원의 종잣돈이 있었습니다. IMF 위기로 그의 회사는 구조조정에 들어갔고, 그는 권고사직을 당하게 되었습니다.

핵심 전략:

1. 시장 붕괴 속 기회 식별
- 부동산 시장 급락으로 강남 지역 아파트 가격 40% 이상 하락
- 현금 보유자에게 유리한 '구매자 시장' 상황 파악

- 장기적 도시 발전 계획과 인프라 개발 지역 연구

2. 제한된 자원의 최적 활용

- 종잣돈 3,000만 원으로 할 수 있는 최대 효과 고민
- 소액으로 시작 가능한 오피스텔과 소형 아파트에 집중
- 계약금만 내고 중도금 시점까지 추가 자금 확보 전략

3. 레버리지와 네트워크 활용

- 금융권 인맥을 통해 유리한 대출 조건 확보
- 친인척들과 소규모 투자 모임 구성
- 부동산 전문가들과 관계 구축으로 정보 우위 확보

4. 점진적 포트폴리오 확장

- 첫 매입 물건의 가치 상승 후 담보로 추가 대출
- 초기 수익을 다음 물건 계약금으로 재투자
- 현금 흐름과 자본 이득의 균형 추구

결과: 정진우는 IMF 위기 직후 마지막 퇴직금과 저축액을 합쳐 강남의 소형 오피스텔을 계약했습니다. 당시에는 무모한 도전처럼 보였지만, 1-2년 내에 부동산 시장이 회복되면서 50% 이상의 수익을 얻었습니다. 그는 이 자금을 레버리지 삼아 추가 물건을 매입했고, 10년 후에는 10개 이상의 수익형 부동산을 보유하게 되었습니다. 지금은 부동산 임대료만으로도 월 1,000만 원 이상의 안정적인 수입을 올리고 있습니다.

핵심 교훈:

- 현금의 가치는 위기 시에 극대화된다
- 작은 시작이라도 적절한 타이밍이 중요하다

- 점진적 확장이 지속 가능한 부의 성장을 가능케 한다
- 전문 지식과 네트워크가 제한된 자원# 8장. 위기에서 판을 짜는 사람들

게임 메이커의 위기 대응 마인드셋

지금까지 위기 시 부의 재편 과정과 게임 메이커들의 기회 포착 전략에 대해 알아보았습니다. 그러나 이러한 전략을 실행하기 위해서는 무엇보다 올바른 마인드셋이 필요합니다. 이제 위기 상황에서 게임 메이커가 갖추어야 할 핵심 마인드셋에 대해 알아보겠습니다.

1. 역설적 사고방식

위기 상황에서는 직관과 반대되는 역설적 사고가 필요합니다. 모두가 두려워할 때 용기를 내고, 모두가 욕심낼 때 절제하는 역설적 사고가 위기를 기회로 전환하는 열쇠입니다.

역설적 사고의 핵심:
- 모두가 비관적일 때 낙관적으로, 모두가 낙관적일 때 신중하게
- 단기적 손실을 감수하고 장기적 이익을 추구하는 용기
- 위기 속에서 기회를, 호황 속에서 위험을 보는 눈
- 정보의 홍수 속에서 핵심을 찾는 집중력
- 불확실성을 두려워하지 않고 활용하는 능력

2001년 닷컴 버블 붕괴 후, 대부분의 투자자들이 인터넷 산업에서 철수했을 때, 아마존의 제프 베조스는 오히려 투자를 확대했습니다. 당시 아마존 주가는 $90에서 $6까지 폭락했지만, 베조스는 "인터넷이 사라지는 것이 아니라 정제되는 것"이라며 장기적 비전

을 고수했습니다. 결과적으로 이 역설적 접근은 엄청난 성공으로 이어졌습니다.

IMF 위기 때도 마찬가지였습니다. 대부분의 기업들이 투자를 줄이고 생존에 집중할 때, 일부 비즈니스 리더들은 오히려 해외 시장 진출과 R&D 투자를 확대했습니다. 이러한 역설적 접근이 위기 이후 글로벌 기업으로 도약하는 발판이 되었습니다.

2. 적응형 회복력(Adaptive Resilience)

위기는 예측 불가능하고 각각 다른 형태로 나타납니다. 따라서 특정 위기에 대한 구체적 대응책보다는, 어떤 상황에서도 적응하고 회복할 수 있는 능력이 중요합니다.

적응형 회복력의 구성 요소:
- 상황 인식: 현실을 명확히 보는 능력
- 의미 부여: 혼란 속에서 패턴을 발견하는 능력
- 자원 동원: 필요한 자원을 신속하게 확보하는 능력
- 실험과 학습: 빠르게 시도하고 조정하는 능력
- 네트워크 활용: 협력을 통해 회복력을 높이는 능력

노키아는 한때 모바일 시장의 절대 강자였지만, 스마트폰이라는 위기(기회)에 적응하지 못하고 몰락했습니다. 반면 애플은 PC 제조 업체에서 음악 플레이어, 스마트폰, 서비스 기업으로 끊임없이 자신을 재발명하며 여러 위기를 기회로 전환했습니다.

서울의 노량진 수산시장 상인들 중 일부는 코로나 팬데믹이라는 위기 속에서 온라인 판매와 배달 서비스로 빠르게 전환했습니다.

적응하지 못한 상인들은 큰 타격을 입었지만, 적응한 상인들은 오히려 새로운 고객층을 확보하게 되었습니다.

3. 선구자적 비전

위기 상황에서는 대부분의 사람들이 단기적 생존에 집중합니다. 그러나 게임 메이커는 이러한 단기적 압박을 넘어, 위기 이후의 세계를 상상하고 그에 맞춰 포지셔닝합니다.

> **선구자적 비전의 특징:**
> - 현재의 혼란 너머 미래 질서를 통찰하는 능력
> - 단기적 고통을 감수하고 장기적 기회에 베팅하는 용기
> - 대중의 시선이 닿지 않는 영역을 탐색하는 호기심
> - 기존 패러다임을 뒤집는 사고의 유연성
> - 비전을 현실로 만드는 끈기와 실행력

스티브 잡스는 2007년 아이폰을 출시했을 때, 많은 사람들이 이를 단순한 고급 휴대폰으로 보았습니다. 그러나 잡스는 이것이 컴퓨팅의 미래임을 확신했습니다. 그는 "오늘 우리는 전화를, 인터넷 기기를, 그리고 혁신적인 커뮤니케이션 도구를 선보입니다. 아이폰은 세상을 변화시킬 것입니다."라고 말했습니다. 당시에는 과장된 표현으로 들렸지만, 결과적으로 그의 비전은 현실이 되었습니다.

비슷하게, 일론 머스크는 2004년 테슬라를 창업할 때 전기차가 주류가 될 것이라는 비전을 제시했습니다. 당시 대부분의 자동차 업계는 이를 비현실적인 꿈으로 치부했지만, 2021년 테슬라의 시

가총액은 도요타, 폭스바겐, GM, 포드를 모두 합친 것보다 더 커졌습니다.

위기는 단순한 하락기가 아닌 부의 재편 과정입니다. 모든 경제적 위기는 과열기, 붕괴기, 조정기, 회복기라는 예측 가능한 사이클을 따르며, 이 과정에서 자원은 특정 패턴에 따라 이동합니다. 진정한 게임 메이커들은 이러한 패턴을 이해하고, 선제적으로 준비하며, 위기 속에서 다른 이들이 두려움에 움츠러들 때 과감히 행동합니다.

삼성전자, 에어비앤비, 그리고 수많은 개인 투자자들의 사례가 보여주듯, 위기는 기존 질서를 재편하는 기회의 창입니다. 역설적 사고, 적응형 회복력, 선구자적 비전을 갖춘 이들만이 이 기회를 포착할 수 있습니다. 결국 위기에서 판을 짜는 사람들은 위기를 두려워하는 것이 아니라, 위기를 이해하고, 위기에 대비하며, 위기를 활용하는 법을 아는 사람들입니다. 그들은 플레이어로 머무르지 않고, 게임의 규칙을 다시 쓰는 메이커가 되어 자신의 운명을 스스로 설계합니다. 이제 당신도 다음 위기가 찾아왔을 때, 희생자가 아닌 게임 메이커로서 새로운 판을 짤 준비가 되었습니까?

8장. 위기에서 판을 짜는 사람들

[위기 속 메이커의 질문]

1. 위기 속에서 어떤 자산이 기회가 되는가?
2. 판이 흔들릴 때 무엇을 설계해야 하는가?
3. 시스템은 위기 속에서 어떻게 강화되는가?

Learning Note :

9장.

디지털 머니 시대, 새로운 판 읽기

암호화폐, AI 금융, 메타버스 머니

"돈의 형태가 바뀌면, 부의 게임 자체가 바뀐다."

인류 역사상 돈의 형태는 여러 차례 변화했습니다. 조개껍데기에서 금속 화폐로, 종이 화폐에서 디지털 화폐로의 전환은 단순한 지불 수단의 변화가 아니라, 경제 시스템 전체의 근본적인 변화를 가져왔습니다.

지금 우리는 또 다른 화폐 혁명의 한가운데 있습니다. 비트코인으로 시작된 암호화폐의 등장, 인공지능이 주도하는 금융 시스템의 변화, 메타버스 내에서 형성되는 가상 경제까지 - 이 모든 것들이 '돈이란 무엇인가'에 대한 우리의 기본 관념을 뒤흔들고 있습니다.

저는 30년 이상 금융과 투자 분야에서 활동하면서 여러 변화를 목격했습니다. 그러나 지금 진행 중인 변화는 그 속도와 범위 면에서 전례 없는 수준입니다. 이 새로운 디지털 머니 패러다임을 이해하고 활용하는 것은 미래의 부를 창출하는 데 있어 결정적 요소가 될 것입니다.

이번 장에서는 디지털 머니 시대의 새로운 게임판을 읽고, 그 안에서 기회를 포착하는 방법을 알아보겠습니다.

암호화폐: 화폐 혁명의 시작

2009년, 사토시 나카모토라는 가명의 개인 또는 그룹에 의해 비트코인이 세상에 등장했을 때, 대부분의 사람들은 이를 일시적인 기술적 호기심 정도로 여겼습니다. 그러나 10여 년이 지난 지금, 암호화폐 시장의 총 가치는 수조 달러에 이르고, 주요 금융 기관들과 기업들도 이 새로운 자산 클래스를 진지하게 받아들이고 있습니다.

암호화폐가 가져온 근본적 변화:

1. 탈중앙화된 금융 시스템

암호화폐의 가장 혁신적인 측면은 중앙 기관(정부나 은행)의 통제 없이 작동하는 탈중앙화된 금융 시스템을 가능케 했다는 점입니다. 블록체인 기술을 기반으로 한 이 시스템은 신뢰할 수 있는 제3자 없이도 거래가 가능하게 합니다.

2008년 금융위기 당시, 전 세계 은행 시스템에 대한 불신이 극에 달했습니다. 비트코인의 첫 블록(제네시스 블록)에는 "Chancellor on brink of second bailout for banks"(재무장관, 은행들을 위한 두 번째 구제금융 준비)라는 당시 신문 헤드라인이 담겨 있습니다. 이는 기존 금융 시스템의 문제에 대한 대안으로 비트코인이 등장했음을 상징적으로 보여줍니다.

2. 희소성의 디지털화

디지털 세계의 가장 큰 특징은 무한 복제 가능성입니다. MP3 파일이나 이미지는 무한히 복사될 수 있습니다. 그러나 블록체인 기술은 디지털 자산에 인위적 희소성을 부여했습니다. 비트코인은 2,100만 개로 발행량이 제한되어 있어, 디지털 공간에서 '디지털 금'의 역할을 합니다.

2021년, 테슬라는 15억 달러 상당의 비트코인을 매입했습니다. 일론 머스크는 "현금은 실질적으로 마이너스 실질 금리를 가지고 있다. 현명한 사람이라면 다른 곳을 볼 것"이라고 말했습니다. 이는 인플레이션 시대에 희소성을 가진 디지털 자산의 가치를 인정한 사례입니다.

3. 프로그래밍 가능한 화폐

이더리움과 같은 스마트 컨트랙트 플랫폼의 등장으로, 돈은 단순한 가치 교환 수단을 넘어 프로그래밍 가능한 존재가 되었습니다. 특정 조건이 충족되면 자동으로 실행되는 계약을 코드로 작성할 수 있게 된 것입니다.

DeFi(탈중앙화 금융) 플랫폼인 컴파운드는 사용자가 암호화폐를 예치하면 자동으로 이자를 지급하고, 이를 담보로 대출을 받을 수 있게 합니다. 이 모든 과정이 중개자 없이 스마트 컨트랙트를 통해 이루어집니다. 2023년 기준, DeFi 생태계에 예치된 자산은 수백억 달러에 이릅니다.

암호화폐 생태계의 주요 구성 요소:

1. 비트코인과 대체 코인(알트코인)

비트코인은 여전히 시가총액 면에서 암호화폐 시장의 리더이며, '디지털 금'으로서의 위상을 유지하고 있습니다. 이더리움은 스마트 컨트랙트 기능을 제공하여 다양한 분산 애플리케이션의 기반이 되었습니다. 이외에도 수천 개의 알트코인이 각각의 목적과 기술적 특성을 가지고 있습니다.

2. 스테이블코인

암호화폐의 높은 변동성은 실제 거래 수단으로서의 기능을 제한합니다. 이를 해결하기 위해 등장한 것이 스테이블코인입니다. USDC, USDT와 같은 스테이블코인은 미 달러와 1:1로 가치가 고정되어 있어, 안정적인 가치 저장 및 교환 수단의 역할을 합니다.

3. 중앙은행 디지털 화폐(CBDC)

암호화폐의 부상에 대응하여, 전 세계 주요 중앙은행들은 자체 디지털 화폐 발행을 추진하고 있습니다. 중국의 디지털 위안화(e-CNY)는 이미 시범 운영 중이며, 미 연준과 유럽중앙은행도 디지털 달러와 디지털 유로 개발을 검토하고 있습니다.

4. 대체불가능토큰(NFT)

NFT는 디지털 자산의 고유성과 소유권을 블록체인에 기록하는 기술입니다. 디지털 아트, 음악, 게임 아이템 등에 적용되어 디지털 희소성과 소유권의 개념을 확립했습니다.

5. 탈중앙화 금융(DeFi)

기존 금융 서비스(대출, 예금, 거래 등)를 중개자 없이 블록체인 상에서 제공하는 새로운 패러다임입니다. 스마트 컨트랙트를 통해 자동화된 금융 서비스를 제공하여 전통적인 금융 시스템의 대안을 제시합니다.

암호화폐 투자 전략: 게임 메이커의 접근법

암호화폐는 엄청난 기회와 함께 상당한 위험도 내포하고 있습니다. 플레이어가 아닌 게임 메이커로서 이 시장에 접근하는 방법을 알아보겠습니다.

1. 장기적 가치 창출에 집중

단기 투기가 아닌 장기적 가치 창출 가능성에 주목해야 합니다. 어떤 프로젝트가 실제 문제를 해결하고 지속 가능한 생태계를 구축할 수 있는지 평가하세요.

핵심 질문:

- 이 프로젝트가 해결하고자 하는 실제 문제는 무엇인가?
- 블록체인 기술이 이 문제 해결에 필수적인가?
- 토큰 이코노믹스는 지속 가능한가?
- 개발팀의 실력과 투명성은 어떠한가?
- 실제 사용자와 개발자 커뮤니티가 성장하고 있는가?

2. 분산 투자와 리스크 관리

암호화폐 시장의 높은 변동성을 고려할 때, 분산 투자와 철저한 리스크 관리가 필수적입니다.

실행 전략:

- 비트코인, 이더리움과 같은 블루칩 코인을 포트폴리오의 기반으로 삼기
- 투자 가능한 자금의 5-10% 이상을 암호화폐에 배분하지 않기
- 정기적인 리밸런싱으로 과도한 위험 노출 방지하기
- 장기 보유와 함께 일부는 시장 사이클에 맞춰 전략적으로 매매하기
- 콜드 월렛 등 안전한 보관 방법 활용하기

3. 생태계 구축자로 참여하기

단순한 코인 보유자를 넘어, 생태계의 적극적인 참여자가 되는 것이 진정한 게임 메이커의 접근법입니다.

참여 방법:

- 스테이킹과 유동성 공급을 통한 네트워크 보안 및 유동성 지원
- DAO(탈중앙화 자율 조직) 거버넌스에 참여하여 의사결정에 영향력 행사
- 개발자라면 오픈 소스 프로젝트에 기여하거나 새로운 애플리케이션 개발
- 교육과 지식 공유를 통한 생태계 성장 촉진

2017년, 크립토키티(CryptoKitties)라는 블록체인 게임이 등장했을 때, 많은 이들이 단순한 디지털 고양이 거래 게임으로 치부했습니다. 그러나 일부 선구자들은 이것이 NFT의 잠재력을 보여주는 첫 단계임을 인식했습니다. 그들은 단순히 게임에 참여하는 것을 넘어, NFT 생태계 구축에 적극적으로 관여했습니다. 이들 중 다수는 이후 NFT 시장이 폭발적으로 성장하면서 상당한 수익을 올렸을 뿐만 아니라, 업계 선도자로서의 입지를 확보했습니다.

AI 금융: 알고리즘이 지배하는 시장

인공지능 기술의 급속한 발전은 금융 시장의 판도를 근본적으로 바꾸고 있습니다. 양적 투자와 알고리즘 트레이딩은 이미 오래전부터 존재했지만, 최근의 AI 기술 발전은 그 수준과 범위를 완전히 새로운 차원으로 끌어올렸습니다.

AI 금융의 핵심 변화:

1. 초고속 의사결정과 실행

현대 금융 시장에서는 밀리초(ms) 단위의 속도 차이가 수익과 손실을 가르는 중요한 요소가 되었습니다. AI 알고리즘은 인간이 불가능한 속도로 정보를 처리하고 거래를 실행합니다.

2024년 현재, 미국 주식시장 거래의 70% 이상이 알고리즘에 의해 이루어지고 있습니다. 특히 고빈도 거래(HFT) 전문 회사들은 거래소 서버와의 물리적 거리를 최소화하기 위해 막대한 비용을 들여 특수 설비를 구축합니다. 1밀리초의 속도 우위가 연간 수억 달러의 수익 차이를 만들어내기 때문입니다.

2. 비정형 데이터의 분석과 활용

전통적인 금융 분석은 가격, 거래량, 재무제표와 같은 정형 데이터에 의존했습니다. 그러나 현대 AI는 뉴스 기사, 소셜 미디어 게시물, 위성 이미지, 센서 데이터와 같은 비정형 데이터도 실시간으로 분석하여 투자 결정에 활용합니다.

일부 헤지펀드는 위성 이미지를 분석하여 대형 소매점의 주차장 점유율을 추적함으로써 해당 기업의 분기 실적을 예측합니다. 또한 소셜 미디어 감성 분석을 통해 특정 브랜드나 제품에 대한 소비자 인식 변화를 실시간으로 포착하여 투자 결정에 반영합니다.

3. 개인화된 금융 서비스

AI는 개인의 금융 데이터, 행동 패턴, 위험 성향 등을 분석하여 맞춤형 금융 조언과 서비스를 제공합니다. 이는 전문 금융 자문이 일부 부유층에게만 제공되던 시대에서, 모든 사람이 개인화된 금융 서비스를 받을 수 있는 시대로의 전환을 의미합니다.

웰스프론트(Wealthfront)와 같은 로보어드바이저는 알고리즘을 통해 개인의 재정 목표, 위험 성향, 투자 기간에 맞춘 포트폴리오를 자동으로 구성하고 관리합니다. 전통적인 금융 자문사가 최소 수백만 원의 자산을 요구하는 것과 달리, 이러한 서비스는 소액 투자자도 접근할 수 있습니다.

AI 금융의 주요 영역:

1. 알고리즘 트레이딩과 퀀트 투자

　수학적 모델과 알고리즘을 기반으로 한 투자 전략이 점차 시장을 지배하고 있습니다. 르네상스 테크놀로지스, 투시그마(Two Sigma), 디이쇼(D.E. Shaw)와 같은 퀀트 헤지펀드들은 수학자, 물리학자, AI 전문가들을 고용하여 시장에서의 작은 비효율성도 포착하여 수익화합니다.

2. 로보어드바이저와 자동화된 자산관리

　AI 기반 로보어드바이저는 전통적인 자산관리 산업을 근본적으로 변화시키고 있습니다. 베터먼트(Betterment), 웰스프론트와 같은 서비스는 낮은 수수료로 자동화된 포트폴리오 관리를 제공합니다.

3. 신용평가와 대출 심사

　AI는 전통적인 신용점수 외에도 수천 가지 변수를 분석하여 대출 심사의 정확도를 높이고 있습니다. 이는 기존 금융 시스템에서 소외되었던 '신용 이력이 부족한' 개인들에게도 금융 접근성을 제공합니다.

4. 사기 탐지와 리스크 관리

　AI는 금융 거래 데이터에서 비정상적인 패턴을 식별하여 사기를 감지하고, 복잡한 시장 상황에서 리스크를 평가하는 데 탁월한 성능을 발휘합니다.

5. 예측 분석과 시장 전망

딥러닝 모델은 방대한 과거 데이터를 학습하여 미래 시장 움직임을 예측합니다. 이는 거시경제 지표부터 개별 주식의 가격 움직임까지 다양한 수준에서 이루어집니다.

AI 금융 시대의 게임 메이커 전략:

1. 기술과 인간 통찰력의 시너지 창출

AI가 발전하더라도, 인간만이 가진 직관, 창의성, 맥락 이해 능력은 여전히 중요한 경쟁 우위입니다. 기술과 인간 통찰력을 결합하는 하이브리드 접근법이 가장 효과적입니다.

실행 전략:
- AI 도구를 활용하여 정보 수집과 기초 분석을 자동화하기
- 데이터가 말해주지 않는 맥락과, 사회적, 정치적, 심리적 요소를 고려하기
- 기술적 지표와 함께 직관과 경험을 의사결정 과정에 통합하기
- AI의 예측을 무비판적으로 수용하지 말고, 비판적 사고로 검증하기

2. 데이터 우위 확보하기

AI 시대에는 알고리즘 자체보다 데이터의 질과 양이 더 중요한

경쟁 요소가 될 수 있습니다. 독특하고 가치 있는 데이터에 접근할 수 있는 능력이 결정적 우위를 제공합니다.

실행 전략:
- 대중이 접근하기 어려운 독점적 데이터 소스 발굴하기
- 여러 데이터 소스를 창의적으로 결합하여 새로운 통찰 얻기
- 데이터 품질 관리와 정제 과정에 투자하기
- 프라이버시 규정을 준수하면서 데이터를 효과적으로 활용하는 방법 모색하기

3. AI 금융 인프라에 투자하기

AI 금융 서비스를 직접 이용하는 것을 넘어, 그 인프라를 제공하는 기업과 기술에 투자하는 것도 유망한 전략입니다.

투자 고려 대상:
- AI 금융 분석 및 트레이딩 플랫폼 개발 기업
- 금융 특화 클라우드 컴퓨팅 및 데이터 서비스 제공업체
- 금융 AI를 위한 특화된 하드웨어 제조업체
- 레그테크(RegTech)와 금융 보안 솔루션 기업

엔비디아(NVIDIA)는 딥러닝에 필수적인 GPU를 제공하는 기업으로, AI 붐의 핵심 수혜자가 되었습니다. 2016년부터 2023년까지 주가는 30배 이상 상승했습니다. 금융 분야에서도 알고리즘 트레이딩과 리스크 분석을 위한 GPU 수요가 급증했으며, 이는 엔비디

아의 성장에 기여했습니다.

4. 알고리즘 편향성과 취약점 이해하기

AI 시스템도 완벽하지 않으며, 학습 데이터의 편향성을 반영하거나 예상치 못한 시장 상황에서 취약점을 드러낼 수 있습니다. 이러한 한계를 이해하는 것이 중요합니다.

실행 전략:
- 여러 AI 모델과 접근법을 비교하여 편향 가능성 확인하기
- 극단적 시장 상황에서 AI 시스템의 반응 테스트하기
- 알고리즘이 집단 행동을 할 때 발생할 수 있는 시스템적 리스크 이해하기
- 기술적 분석과 함께 기본적 분석도 병행하기

메타버스 머니: 가상 세계의 실제 경제

메타버스는 단순한 게임이나 소셜 플랫폼을 넘어, 점차 독립적인 경제 시스템을 갖춘 가상 세계로 발전하고 있습니다. 이 가상 세계 내에서 발생하는 경제 활동과 가치 교환은 현실 세계의 부와 직접적으로 연결됩니다.

메타버스 경제의 근본적 변화:

1. 디지털 자산의 실제 가치화

과거 게임 내 아이템이나 가상 재화는 해당 플랫폼 내에서만 가

치를 가졌습니다. 그러나 블록체인 기술과 NFT의 등장으로, 이러한 디지털 자산은 플랫폼 외부에서도 실제 경제적 가치를 인정받게 되었습니다.

2021년, 가상 부동산 플랫폼 '디센트럴랜드(Decentraland)'에서 한 부지가 243만 달러(약 29억 원)에 거래되었습니다. 구매자는 이 가상 부지에서 패션쇼와 소매점을 운영할 계획을 밝혔습니다. 이는 가상 공간이 실제 비즈니스 가치를 창출할 수 있다는 인식을 보여줍니다.

2. 플레이 투 언(Play-to-Earn) 모델의 부상

전통적으로 게임은 소비 활동이었지만, 새로운 '플레이 투 언' 모델은 게임 활동을 통해 실제 경제적 가치를 창출할 수 있게 했습니다. 이는 특히 개발도상국에서 새로운 소득 창출 방식으로 주목받고 있습니다.

필리핀에서는 코로나19 팬데믹 기간 동안 수천 명이 'Axie Infinity'라는 블록체인 게임을 통해 생계를 유지했습니다. 일부 플레이어들은 게임에서 번 암호화폐가 지역 평균 임금보다 높을 정도였습니다. 이는 가상 경제 활동이 실제 생계 수단이 될 수 있음을 보여줍니다.

3. 창작자 경제의 확장

메타버스는 창작자들에게 새로운 수익 창출 기회를 제공합니다. 디지털 아트, 가상 패션, 건축, 이벤트 기획 등 다양한 창작 활동이 메타버스 내에서 경제적 가치를 창출합니다.

디지털 아티스트 비플(Beeple)의 NFT 작품 'Everydays: The First 5000 Days'는 2021년 크리스티 경매에서 6,930만 달러(약 830억 원)에 낙찰되었습니다. 이는 디지털 창작물이 전통적인 예술 작품과 동등한, 때로는 그 이상의 가치를 인정받을 수 있음을 보여주었습니다.

메타버스 경제의 주요 구성 요소:

1. 가상 부동산 및 디지털 토지

메타버스 내의 공간은 한정되어 있고, 위치에 따라 가치가 달라집니다. 이러한 가상 부동산은 실제 부동산과 유사한 투자 및 개발 원리를 따릅니다.

2. 디지털 아이덴티티와 아바타

메타버스에서 개인의 디지털 표현인 아바타와 관련된 패션, 액세서리, 특성 등은 중요한 경제적 가치를 가집니다. 이는 현실 세계의 패션 산업과 유사한 역할을 합니다.

3. 가상 서비스와 경험

메타버스 내에서 이벤트 기획, 교육, 컨설팅 등 다양한 서비스를 제공하는 새로운 직업이 등장하고 있습니다. 이러한 서비스는 가상 공간의 특성을 활용한 독특한 경험을 제공합니다.

4. 게임 내 경제와 토큰화

많은 메타버스 플랫폼은 자체 토큰 경제를 구축하여, 플랫폼 내 활동과 가치 교환을 촉진합니다. 이러한 토큰은 플랫폼 외부의 거래소에서도 거래되어 실제 화폐와 연결됩니다.

5. 메타버스 간 상호운용성

블록체인 기술은 서로 다른 메타버스 플랫폼 간에 자산과 아이덴티티를 이동할 수 있는 가능성을 열어줍니다. 이는 더 큰 메타버스 생태계의 형성을 촉진합니다.

메타버스 머니 시대의 게임 메이커 전략:

1. 가상 부동산과 디지털 자산에 전략적 투자

메타버스 내 부동산은 위치, 유동성, 플랫폼의 성장 가능성 등을 고려한 전략적 접근이 필요합니다.

투자 전략:
- 사용자 트래픽이 높은 중심 지역과 향후 개발 가능성이 높은 주변 지역 균형 있게 투자
- 단일 플랫폼에 집중하기보다 여러 유망 메타버스에 분산 투자
- 토지 구입 후 개발과 임대를 통한 현금 흐름 창출 방안 고려
- 장기적 가치 상승과 함께 단기적 활용 방안도 계획하기

2017년 초기에 디센트럴랜드의 토지를 구매한 투자자들은 2021

년 가격 급등기에 최대 100배 이상의 수익을 얻었습니다. 그러나 단순히 보유만 한 경우보다, 공간을 개발하여 갤러리, 게임, 이벤트 장소 등으로 활용한 소유자들은 추가적인 수익 스트림을 확보할 수 있었습니다.

2. 메타버스 기업과 인프라에 투자

직접 메타버스에 참여하는 것 외에도, 메타버스를 구축하고 지원하는 기업과 기술에 투자하는 것도 유망한 전략입니다.

투자 고려 대상:
- 메타버스 플랫폼 개발 기업
- VR/AR 하드웨어 및 소프트웨어 제공업체
- 메타버스 콘텐츠 제작 스튜디오
- 메타버스 관련 금융 및 결제 인프라 기업

메타(구 페이스북)는 2014년 20억 달러에 VR 헤드셋 제조사 오큘러스를 인수했습니다. 당시에는 파격적인 금액으로 여겨졌지만, 메타버스 비전이 현실화되면서 이 결정의 선견지명이 입증되고 있습니다. 미래 메타버스 인프라의 핵심 요소를 조기에 확보한 전략적 투자였습니다.

3. 메타버스 비즈니스 모델 구축

메타버스는 단순한 투자 대상을 넘어, 새로운 비즈니스 기회의 공간입니다. 실제 전문성과 기술을 메타버스에 적용한 비즈니스 모델을 구축할 수 있습니다.

유망 비즈니스 모델:
- 가상 부동산 개발 및 임대 사업
- 메타버스 내 이벤트 기획 및 운영
- 디지털 패션 및 아바타 아이템 디자인
- 메타버스 마케팅 및 광고 에이전시
- 가상 교육 및 컨설팅 서비스

가상 패션 브랜드 '더 패브리컨트(The Fabricant)'는 물리적 제품 없이 디지털 의류만 디자인하고 판매합니다. 2019년 그들의 첫 디지털 드레스는 9,500달러에 판매되었으며, 이후 구찌, 아디다스와 같은 전통적 패션 브랜드들도 메타버스 패션 시장에 진출했습니다.

4. 분산형 자율 조직(DAO) 참여

메타버스 생태계에서는 분산형 자율 조직(DAO)이 중요한 역할을 합니다. 이러한 조직에 참여하여 거버넌스에 영향력을 행사하고, 생태계의 성장에 기여할 수 있습니다.

DAO 참여 전략:
- 잠재력 있는 메타버스 프로젝트의 거버넌스 토큰 확보
- 적극적인 투표와 제안 활동을 통한 영향력 행사
- 프로젝트 커뮤니티에 기여하여 평판 구축

• 다양한 DAO 간의 협력 기회 모색

디센트럴랜드의 DAO는 플랫폼의 중요한 정책 결정, 토지 경매, MANA 토큰의 사용처 등을 결정합니다. 초기에 거버넌스 토큰을 확보하고 DAO에 적극적으로 참여한 사람들은 플랫폼의 발전 방향에 영향을 미치며, 자신의 투자 가치를 높이는 결정에 기여할 수 있었습니다.

새로운 부의 게임에 올라타는 법

디지털 머니 시대는 새로운 게임의 룰을 만들고 있습니다. 이 변화의 흐름을 단순히 지켜보는 것이 아니라, 적극적으로 참여하고 기회를 포착하는 방법을 알아보겠습니다.

1. 디지털 머니 리터러시 구축하기

새로운 부의 게임에 참여하기 위한 첫 단계는 디지털 금융에 대한 이해, 즉 '디지털 머니 리터러시'를 구축하는 것입니다.

핵심 학습 영역:

기술적 기반 이해하기
- 블록체인, 스마트 컨트랙트, 합의 메커니즘의 기본 원리
- 공개키 암호화 및 디지털 서명의 작동 방식
- 디지털 지갑의 종류와 보안 방법
- 탈중앙화와 중앙화 시스템의 장단점

경제적 모델 파악하기

- 토큰 이코노믹스와 인센티브 구조
- 디플레이션과 인플레이션 모델
- 유동성과 시장 메커니즘
- 디지털 희소성과 가치 평가

규제 환경 인식하기

- 국가별 암호화폐 및 디지털 자산 규제 동향
- KYC/AML 요구사항과 준수 방법
- 세금 처리와 보고 의무
- 법적 위험과 보호 방안

학습 자원:

- 공신력 있는 온라인 강좌와 인증 프로그램
- 전문가 커뮤니티와 포럼 참여
- 실무 경험을 위한 소액 실험
- 최신 연구 및 백서 분석

2017년 암호화폐 투자를 시작한 박민수(가명)씨는 먼저 3개월 간 집중적으로 블록체인 기술과 암호화폐 시장에 대해 학습했습니다. 그는 기술적 이해 없이 투자했다가 손실을 본 많은 사례를 보았기 때문에, 지식을 쌓는 것이 우선이라고 판단했습니다. 이러한 기반 덕분에 그는 2018년 시장 붕괴 시기에도 패닉 셀링을 하지 않고 장기적 관점을 유지할 수 있었으며, 2020-21년 불 마켓에서 상당한 수익을 실현했습니다.

2. 다층적 포트폴리오 구축하기

디지털 머니 시대의 불확실성과 기회를 동시에 관리하기 위해서는 다층적 포트폴리오 접근법이 필요합니다.

포트폴리오 구성 전략:

바벨 전략 적용하기
• 한쪽 끝에는 안전한 전통 자산(국채, 고품질 주식, 현금 등)
• 다른 쪽 끝에는 고위험/고수익 디지털 자산(암호화폐, NFT, 메타버스 자산 등)
• 중간 지대의 투자는 최소화

이 전략은 경제적 충격에 대한 회복력을 유지하면서도, 급변하는 디지털 경제의 상방 잠재력을 활용할 수 있게 합니다.

계층화된 접근법 구축하기
• 1계층: 생존과 안정을 위한 전통적 자산(6-12개월치 생활비를 현금으로 유지)
• 2계층: 성장을 위한 중간 위험 자산(블루칩 주식, 채권, 부동산 등)
• 3계층: 잠재적 고수익을 위한 디지털 자산(암호화폐, 메타버스 투자 등)

- 4계층: 장기적 변화 대응을 위한 미래 기술 투자(AI, 로봇공학, 우주기술 등)

김현우(가명)씨는 2019년부터 '75-20-5' 전략을 적용했습니다. 자산의 75%는 전통적인 투자(주식, 채권, 부동산)에, 20%는 블루칩 암호화폐(비트코인, 이더리움)에, 그리고 5%는 고위험/고수익 가능성이 있는 알트코인과 NFT에 배분했습니다. 2022년 암호화폐 시장이 폭락했을 때, 그의 포트폴리오는 전체적으로 25% 하락했지만, 전통 자산의 안정성 덕분에 심각한 타격은 피할 수 있었습니다. 또한 5%의 고위험 투자에서 몇몇 프로젝트가 10배 이상의 수익을 내어 전체 포트폴리오 성과에 크게 기여했습니다.

3. 트렌드보다 패턴에 주목하기

디지털 머니 시대에는 매일 새로운 트렌드가 등장하고 사라집니다. 단기적 트렌드에 휩쓸리기보다는 근본적인 패턴을 식별하는 것이 중요합니다.

패턴 식별 전략:

주기성 인식하기
- 암호화폐의 4년 주기(비트코인 반감기 기준)
- 기술 채택 S커브와 하이프 사이클
- 시장 심리의 순환(공포와 탐욕 사이클)
- 규제 대응과 시장 적응의 반복적 패턴

기술 진화 경로 추적하기
- 인터넷 발전 경로와 블록체인/메타버스 비교
- 새로운 기술의 수익화 및 비즈니스 모델 발전 패턴
- 사용자 인터페이스 개선과 대중 채택의 관계
- 분산화와 중앙화 사이의 진자 운동

　2018년 ICO(Initial Coin Offering) 버블이 터졌을 때, 대부분의 투자자들은 암호화폐 시장에 등을 돌렸습니다. 그러나 일부 전략적 투자자들은 이것이 인터넷 버블과 유사한 패턴임을 인식했습니다. 닷컴 버블 붕괴 후 아마존, 구글과 같은 진정한 가치 창출 기업들이 부상했듯이, 암호화폐 버블 붕괴 후에도 솔리드한 프로젝트들이 살아남을 것이라고 예측했습니다. 이러한 통찰력을 바탕으로 2019-2020년의 약세장에서 이더리움에 투자한 사람들은 2021년 강세장에서 100배 이상의 수익을 볼 수 있었습니다.

4. 적응형 전략 개발하기
　디지털 머니 환경은 급변합니다. 고정된 전략보다는 새로운 정보와 환경 변화에 빠르게 적응할 수 있는 유연한 전략이 필요합니다.

적응형 전략 구성 요소:

시나리오 계획 수립하기
- 다양한 미래 시나리오(낙관적/중립적/비관적) 개발
- 각 시나리오별 액션 플랜 준비

- 주요 변곡점과 트리거 포인트 식별
- 시나리오별 리스크 관리 방안 마련

피드백 루프 구축하기

- 정기적인 포트폴리오 리밸런싱 일정 수립
- 가설 설정과 검증의 반복적 사이클 운영
- 다양한 정보 소스를 통한 크로스체킹
- 결과 분석과 전략 조정의 지속적 프로세스

안티프래질(Antifragile) 접근법 채택하기

- 극단적 상황에서 이익을 얻을 수 있는 비선형적 포지션 구축
- 작은 실패를 통한 학습과 적응 장려
- 불확실성을 위협이 아닌 기회로 활용
- 코스트가 제한된 실험을 통한 옵션가치 창출

2020년 코로나19 팬데믹 초기, 디지털 자산 매니저 이지훈(가명)씨는 세 가지 시나리오를 준비했습니다: 1) 전통 금융 시스템 붕괴와 암호화폐로의 대규모 자본 이동, 2) 경기 침체와 모든 자산 클래스의 동반 하락, 3) 중앙은행의 대규모 유동성 공급으로 인한 자산 인플레이션. 각 시나리오별 대응 전략을 수립하고, 시장 지표를 지속적으로 모니터링했습니다. 2020년 3월 급락 이후 중앙은행들의 대규모 유동성 공급을 확인하자 시나리오 3에 베팅하여 디지털 자산과 성장주 비중을 크게 높였고, 결과적으로 포트폴리오는 2020-21년 동안 300% 이상 성장했습니다.

5. 커뮤니티와 네트워크 구축하기

디지털 머니 생태계에서는 개인의 지식과 자원의 한계를 넘어서기 위해 커뮤니티와 네트워크가 중요합니다.

네트워크 구축 전략:

다양한 커뮤니티 참여하기
- 온라인 포럼, 디스코드, 텔레그램 그룹 활용
- 오프라인 밋업과 컨퍼런스 참석
- 전문 투자 커뮤니티 및 DAO 가입
- 다양한 배경의 사람들과 지식 교환

기여와 가치 창출을 통한 평판 구축
- 독창적 분석과 인사이트 공유
- 오픈소스 프로젝트에 기여
- 멘토링과 지식 전수
- 네트워크 내 신뢰 구축

정보 필터링 시스템 개발
- 신뢰할 수 있는 정보원 식별
- 에코 챔버와 집단사고 피하기
- 다양한 관점에 노출되기
- 정보의 품질과 타이밍 평가

정보보안 전문가 출신의 박지민(가명)씨는 2016년부터 블록체인 기술에 관심을 갖고 관련 커뮤니티에 적극 참여했습니다. 그는 기술적 분석과 보안 관련 인사이트를 꾸준히 공유하며 네트워크를 확장했습니다. 이 과정에서 그는 주요 프로젝트의 개발자, 벤처 캐피탈리스트, 영향력 있는 분석가들과 관계를 구축했습니다. 이러한 네트워크 덕분에 그는 유망한 프로젝트의 초기 투자 기회를 얻을 수 있었고, 시장에 공개되기 전 중요한 정보에 접근할 수 있었습니다. 그의 포트폴리오는 네트워크 효과를 통해 일반 투자자들보다 훨씬 높은 수익률을 달성했습니다.

6. 디지털 머니 시대의 위험과 기회 균형 잡기

지금까지 디지털 머니 시대의 새로운 게임판과 그 안에서 성공하기 위한 전략들을 살펴보았습니다. 마지막으로, 이 새로운 영역에서 위험과 기회의 균형을 잡는 방법에 대해 논의하겠습니다.

주요 위험 요소와 관리 전략

1. 기술적 위험

암호화폐 지갑 해킹, 스마트 컨트랙트 취약점, 프라이빗 키 분실 등의 기술적 위험이 존재합니다.

> **관리 전략:**
> - 하드웨어 월렛 사용 및 콜드 스토리지 활용
> - 중요 계정에 다중 인증(MFA) 설정
> - 정기적인 백업과 복구 절차 테스트

- 소규모 테스트 거래로 새 플랫폼 검증

2. 규제적 위험

정부의 규제 변화는 디지털 자산의 가치와 사용성에 큰 영향을 미칠 수 있습니다.

관리 전략:
- 지역 분산을 통한 규제 리스크 헤지
- 규제 친화적 프로젝트에 우선 투자
- 규제 동향 지속적 모니터링
- 세금 및 규제 준수를 위한 철저한 기록 유지

3. 시장 변동성

디지털 자산 시장은 극단적인 변동성을 보이며, 단기간에 90% 이상 가치가 하락할 수 있습니다.

관리 전략:
- 장기 투자 관점 유지
- 감당할 수 있는 금액만 투자
- 점진적 매수 전략(달러 코스트 애버리징)
- 명확한 위험 관리와 손절매 계획 수립

4. 심리적 위험

극단적 변동성은 비합리적 의사결정을 유발할 수 있는 심리적 압

박을 가합니다.

관리 전략:
- 투자 원칙과 규칙 문서화
- 감정적 판단을 제한하는 자동화된 전략 활용
- 심리적 준비와 극단적 시나리오 시뮬레이션
- 투자 저널 작성을 통한 자기 성찰

장기적 관점과 가치 기반 접근

디지털 머니 생태계의 수많은 단기적 유행과 투기적 기회에도 불구하고, 진정한 게임 메이커는 장기적 가치 창출에 집중합니다.

가치 기반 접근법:

문제 해결 잠재력 평가
- 프로젝트가 해결하고자 하는 실제 문제의 규모와 중요성
- 제안된 솔루션의 실현 가능성과 효율성
- 기존 대안 대비 차별화된 가치 제안
- 장기적 시장 잠재력 분석

팀과 커뮤니티 평가
- 핵심 팀의 역량, 경험, 윤리적 원칙
- 활발하고 기여도 높은 커뮤니티 존재 여부
- 투명한 의사소통과 거버넌스 구조
- 외부 비판에 대한 대응 방식

진정한 혁신과 지속 가능성 추구

- 단순한 마케팅 용어 너머의 실제 기술적 혁신
- 장기적 경제적 지속 가능성
- 사회적, 환경적 영향 고려
- 광범위한 채택 잠재력

2018년 암호화폐 시장이 폭락했을 때, 대부분의 ICO 프로젝트가 실패했지만 실제 가치를 창출하는 일부 프로젝트는 살아남았습니다. 체인링크(Chainlink)는 현실 세계 데이터를 블록체인과 연결하는 오라클 솔루션을 제공하는 프로젝트로, 실제 문제를 해결하는 가치 제안이 있었습니다. 시장 침체기에도 개발을 지속했고, 2020년 이후 디파이(DeFi) 붐과 함께 가치가 크게 상승했습니다. 가치 기반 접근으로 이 프로젝트를 선별한 투자자들은 암호화폐 겨울을 견디고 상당한 수익을 실현했습니다.

7. 디지털 머니 게임 메이커의 여정

디지털 머니 시대는 단순한 투자 기회의 확장이 아니라, 돈과 가치에 대한 근본적인 패러다임의 변화를 의미합니다. 이 새로운 게임판에서 성공하기 위해서는 기술적 이해, 경제적 통찰력, 적응력, 그리고 장기적 비전이 필요합니다.

암호화폐, AI 금융, 메타버스 머니의 세계는 아직 초기 단계에 있습니다. 이는 지금이 바로 게임의 규칙을 배우고, 적응하고, 때로는 규칙 자체를 만드는 데 참여할 수 있는 기회라는 것을 의미합니다.

게임 메이커로서, 단기적 투기나 트렌드 추종에 현혹되지 마세요. 대신, 깊은 이해와 장기적 가치 창출에 집중하세요. 기술이 계속 발전하고 규제 환경이 성숙해감에 따라, 디지털 머니 생태계는 더욱 안정적이고 통합된 형태로 발전할 것입니다.

마지막으로, 디지털 머니 시대의 게임 메이커가 되기 위한 세 가지 핵심 원칙을 기억하세요:

1. **지속적인 학습과 적응**: 이 분야는 끊임없이 진화합니다. 호기심을 갖고 꾸준히 학습하며, 새로운 정보에 맞춰 전략을 조정하세요.
2. **균형 잡힌 접근**: 혁신적인 디지털 자산에 대한 열정과 건전한 회의주의 사이의 균형을 유지하세요. 기회를 놓치지 않되, 현명한 리스크 관리를 실천하세요.
3. **가치 창출에 집중**: 궁극적으로, 지속 가능한 성공은 실질적인 가치 창출에서 비롯됩니다. 단순히 투기적 이익을 쫓기보다, 진정한 문제를 해결하고 가치를 창출하는 방향으로 움직이세요.

디지털 머니 시대는 그저 참여하는 것만으로도 흥미롭지만, 게임 메이커로서 이 변화를 주도할 때 진정한 기회와 영향력이 생깁니다. 새로운 부의 게임판에서 단순한 플레이어가 아닌, 규칙을 만들고 판을 설계하는 메이커로 자리매김하세요.

다음 장에서는 지속 가능한 부의 시스템을 구축하는 방법에 대해 알아보겠습니다. 게임 메이커로서의 여정이 단기적 성공을 넘어, 지속적이고 확장 가능한 부의 창출로 이어지는 전략을 살펴볼 것입니다.

9장. 디지털 머니 시대, 새로운 판 읽기

[디지털 메이커 3원칙]
"새로운 판에 올라타라"

1. 기술 변화는 메이커의 기회다
2. 새로운 머니 게임을 이해하라
3. 플랫폼 위에 내 시스템을 설계하라

Learning Note :

Part 4.

지속 가능한
게임 메이커 전략

10장.

확장 가능한
부의 시스템 만들기

시스템화된 수익 모델 구축

"부의 비밀은 하루 종일 열심히 일하는 것이 아니라, 당신이 자고 있는 동안에도 돈이 당신을 위해 일하도록 만드는 것이다."

지금까지 우리는 게임 메이커의 사고방식, 레버리지 전략, 위기 속 기회 포착법, 그리고 디지털 머니 시대의 새로운 게임판 읽기까지 살펴보았습니다. 이제 이 모든 것을 통합하여 지속 가능하고 확장 가능한 부의 시스템을 구축하는 방법에 대해 알아보겠습니다.

진정한 부는 일시적인 수입이나 단기적 투자 수익이 아닌, 지속적으로 가치를 창출하는 시스템에서 비롯됩니다. 이러한 시스템은 당신의 직접적인 시간과 노력 투입 없이도 작동할 수 있어야 하며, 시간이 지날수록 더 강화되는 특성을 가져야 합니다.

저는 IMF 위기 이후 재기하는 과정에서 중요한 교훈을 얻었습니다. 단순히 열심히 일하는 것만으로는 지속 가능한 부를 이룰 수 없다는, 그리고 시스템을 구축하는 것이 핵심이라는 깨달음이었습니다. 이 장에서는 제가 지난 30년간의 사업과 투자 경험을 통해 배운 시스템화된 수익 모델 구축 방법을 공유하겠습니다.

시스템화된 수익 모델의 기본 원리

시스템화된 수익 모델이란 무엇일까요? 이는 단순히 돈을 버는 방법이 아니라, 초기 설계 이후 최소한의 개입으로도 지속적으로 가치를 창출하는 구조입니다. 효과적인 수익 시스템은 다음과 같은 기본 원리를 따릅니다.

1. 자동화와 복제 가능성

진정한 시스템은 자동화될 수 있고, 쉽게 복제할 수 있어야 합니다. 당신의 지속적인 노력과 시간 투입 없이도 작동할 수 있어야 합니다.

핵심 요소:

- 명확하고 표준화된 프로세스
- 자동화 도구와 기술 활용
- 매뉴얼화된 운영 절차
- 반복 가능한 성공 공식

맥도날드는 햄버거 레스토랑을 전 세계적으로 확장 가능한 시스템으로 변환했습니다. 각 매장의 모든 프로세스(재료 주문부터 음식 준비, 서비스, 청소까지)가 완벽하게 표준화되어 있습니다. 이 시스템 덕분에 맥도날드는 100개국 이상에 38,000개가 넘는 매장을 운영할 수 있게 되었습니다.

L씨의 경우, 무역 사업을 처음 시작했을 때는 모든 과정을 직접

처리했습니다. 그러나 점차 각 프로세스(공급업체 선정, 품질 관리, 배송, 결제 등)를 표준화하고 매뉴얼화했습니다. 이후 이 시스템을 바탕으로 여러 제품 라인과 시장으로 쉽게 확장할 수 있었습니다.

2. 스케일링 경제(규모의 경제)와 네트워크 효과

효과적인 수익 시스템은 규모가 커질수록 더 효율적이 되고, 더 많은 가치를 창출하는 특성을 가집니다.

핵심 요소:
- 고정 비용 대비 가변 비용의 비율 최적화
- 한계 비용 감소 구조 설계
- 네트워크 효과를 통한 가치 증대
- 데이터와 사용자 기반의 누적적 이점

소프트웨어 기업들은 스케일링 경제의 대표적 예시입니다. 마이크로소프트의 윈도우 운영체제는 개발 비용은 고정되어 있지만, 추가 사용자당 비용(한계 비용)은 거의 0에 가깝습니다. 사용자가 늘어날수록 이익률은 기하급수적으로 증가합니다.

페이스북과 같은 소셜 미디어 플랫폼은 네트워크 효과의 전형적인 예입니다. 사용자가 증가할수록 플랫폼의 가치가 비례 이상으로 증가하며, 이는 더 많은 사용자를 유치하는 선순환을 만듭니다.

3. 수동적 소득과 자산 구축의 균형

지속 가능한 수익 시스템은 단기적 현금 흐름과 장기적 자산 구축 사이의 균형을 맞춰야 합니다.

핵심 요소:

- 일관된 현금 흐름 창출
- 시간이 지날수록 가치가 증가하는 자산 형성
- 수익의 일부를 시스템 강화에 재투자
- 다양한 시간 프레임에 걸친 수익 구조

아마존은 오랫동안 단기 수익보다 장기적 성장과 자산 구축에 초점을 맞추었습니다. 제프 베조스는 수익을 주주에게 배당하는 대신 클라우드 인프라(AWS), 물류 네트워크, 기술 역량 등 장기적 가치를 창출하는 자산에 재투자했습니다. 이 전략 덕분에 아마존은 단순한 온라인 서점에서 글로벌 기술 기업으로 성장할 수 있었습니다.

저의 투자 철학도 비슷합니다. 부동산 투자에서 얻는 임대 수익 중 일부는 생활비로 사용하고, 나머지는 부동산 포트폴리오를 확장하거나 다른 비즈니스에 재투자합니다. 이러한 균형을 통해 현재의 삶의 질을 유지하면서도 부의 시스템을 지속적으로 강화할 수 있습니다.

7가지 시스템화된 수익 모델

이제 구체적인 시스템화된 수익 모델들을 살펴보겠습니다. 각 모델은 서로 다른 특성과 장단점을 가지고 있지만, 공통적으로 최소한의 노력으로 지속적인 가치를 창출할 수 있는 구조를 가지고 있습니다.

1. 자산 임대 시스템

물리적 자산(부동산, 장비 등) 또는 디지털 자산(콘텐츠, 소프트웨어 등)을 한 번 구축하고 지속적으로 임대 수익을 창출하는 모델입니다.

구성 요소:
- 수익성 있는 자산 선별 및 취득
- 자산 관리 및 유지보수 시스템
- 임대 및 결제 프로세스 자동화
- 세금 최적화 및 법적 구조 설계

실용적 적용:

- 수익형 부동산 포트폴리오 구축
- 장비, 차량, 도구 등의 임대 사업
- 디지털 콘텐츠 라이센싱 플랫폼
- 소프트웨어 구독 모델(SaaS)

김현우(가명)씨는 10년에 걸쳐 수도권 소형 아파트 7채를 구입했습니다. 처음에는 직접 관리했지만, 점차 시스템을 구축했습니다. 임대 관리 회사와 계약하여 세입자 관리, 유지보수, 임대료 수금을 자동화했고, 세무사와 협력하여 세금 처리를 최적화했습니다. 이제 그는 월 5백만 원 이상의 순수익을 거의 노력 없이 얻고 있으며, 이 수익으로 추가 부동산 구입과 다른 비즈니스 투자를 하고 있습니다.

디지털 영역에서는 음악가 이지원(가명)씨의 사례가 있습니다. 그녀는 5년간 집중적으로 300곡 이상의 음원을 제작하여 음원 라이센싱 플랫폼에 등록했습니다. 이제 그녀는 유튜브 크리에이터, 광고 제작자, 소규모 영화 제작자들에게 지속적으로 라이센스 수익을 얻으며, 이 디지털 자산은 시간이 지날수록 더 많은 사용자를 확보하고 있습니다.

2. 자동화된 판매 시스템

제품이나 서비스를 대규모로 판매하되, 핵심 프로세스를 자동화하여 직접적인 노력과 시간 투입을 최소화하는 모델입니다.

구성 요소:

- 자동화된 마케팅 및 고객 획득 파이프라인
- 셀프 서비스 주문 및 결제 시스템
- 물류 및 배송 프로세스 최적화
- 고객 서비스 및 지원 자동화

실용적 적용:

- 이커머스 사업과 드롭쉬핑 모델
- 디지털 제품 자동 판매 플랫폼
- 멤버십 및 구독 기반 비즈니스
- 온라인 교육 및 정보 상품

박준호(가명)씨는 특수 화학 제품을 판매하는 이커머스 사이트를 운영합니다. 초기에는 직접 모든 것을 처리했지만, 점차 시스템을 구축했습니다. 제품 조달은 공급업체와의 API 연동으로 자동화했고, 고객 문의의 80%는 AI 챗봇으로 처리합니다. 주문 처리와 배송은 3PL(제3자 물류) 서비스를 활용하고, 마케팅은 데이터 기반 자동화 도구를 사용합니다. 결과적으로 그는 주 5-10시간의 관리만으로 월 3천만 원 이상의 매출과 30% 이상의 이익률을 유지합니다.

온라인 교육 분야에서는 정보보안 전문가 이민석(가명)씨의 사례가 있습니다. 그는 1년간 집중적으로 사이버 보안 코스를 개발한 후, 자동화된 마케팅 및 판매 시스템을 구축했습니다. 이제 그의 코스는 월 20-30명의 새로운 학생들에게 자동으로 판매되며, 그는 콘텐츠 업데이트와 커뮤니티 관리에만 시간을 투자합니다.

3. 투자 포트폴리오 시스템

다양한 자산 클래스와 투자 전략을 조합하여 지속적인 수익과 자본 성장을 창출하는 모델입니다.

구성 요소:
- 체계적인 자산 배분 전략
- 자동화된 리밸런싱 메커니즘
- 분산 투자를 통한 리스크 관리
- 세금 효율적인 구조 설계

실용적 적용:
- 배당 성장 주식 포트폴리오
- 채권 래더(Bond Ladder) 전략
- 부동산 투자 신탁(REITs) 조합
- 인덱스 펀드 및 ETF 포트폴리오

재무 컨설턴트 출신의 김태영(가명)씨는 '영구 포트폴리오' 개념에 기반한 투자 시스템을 구축했습니다. 그는 주식(25%), 장기 국채(25%), 단기 국채(25%), 금(25%)으로 구성된 포트폴리오를 만들고, 자동화된 리밸런싱 시스템을 설정했습니다. 각 자산 클래스의 비중이 설정된 범위를 벗어나면 자동으로 조정되며, 배당금과 이자는 자동으로 재투자됩니다. 이 시스템은 경제 환경에 상관없이 연

7-9%의 안정적인 수익을 창출하며, 그는 분기에 한 번 약 1시간만 검토합니다.

또 다른 사례로, 서지연(가명)씨는 '배당 성장' 전략에 집중한 주식 포트폴리오를 구축했습니다. 그녀는 최소 10년 연속 배당을 증가시켜온 기업들에 투자하고, 분기별로 포트폴리오를 검토합니다. 이 시스템은 연 3-4%의 배당 수익과 4-6%의 자본 증가를 제공하며, 배당금은 자동으로 재투자되거나 생활비로 사용됩니다.

4. 로열티 및 라이센싱 시스템

지적 재산권(특허, 저작권, 상표 등)을 개발하고 라이센싱하여 지속적인 로열티 수입을 창출하는 모델입니다.

구성 요소:
- 가치 있는 지적 재산 개발 또는 취득
- 라이센싱 및 로열티 계약 구조화
- 지적 재산 보호 및 관리 시스템
- 라이센스 사용 추적 및 수익 수금 자동화

실용적 적용:
- 책, 음악, 영화 등 창작물의 저작권
- 소프트웨어 및 기술 특허 라이센싱
- 상표 및 브랜드 라이센싱
- 프랜차이즈 모델

소프트웨어 개발자 박지훈(가명)씨는 전자상거래 플랫폼을 위한 결제 처리 소프트웨어를 개발했습니다. 직접 시장에 판매하는 대신, 그는 이 기술을 여러 이커머스 솔루션 제공업체에 라이센싱하는 전략을 선택했습니다. 각 업체는 처리된 결제액의 0.5%를 로열티로 지불합니다. 초기 10개 파트너사로 시작했지만, 파트너 네트워크가 확장되면서 현재는 전 세계 50개 이상의 업체가 그의 기술을 사용하고 있으며, 이를 통해 그는 월 5천만 원 이상의 안정적인 로열티 수입을 올리고 있습니다.

프랜차이즈 분야의 사례로는 김민준(가명)씨의 특수 세탁 서비스 브랜드가 있습니다. 그는 5년간 효율적인 운영 시스템과 브랜드를 개발한 후, 이를 프랜차이즈 모델로 전환했습니다. 현재 전국 30개 지점이 그의 브랜드와 시스템을 사용하며, 각 지점은 초기 가맹비와 매출의 5%를 지불합니다. 이 시스템은 최소한의 관리로 월 4천만 원 이상의 안정적인 수입을 창출합니다.

5. 디지털 플랫폼 시스템

다양한 사용자 그룹(생산자와 소비자, 판매자와 구매자 등)을 연결하고 그들 사이의 거래나 상호작용을 촉진하여 수익을 창출하는 모델입니다.

구성 요소:
- 다면적 사용자 그룹 연결 인프라
- 가치 교환 및 거래 촉진 메커니즘
- 네트워크 효과를 활용한 성장 모델

- 다양한 수익화 전략(수수료, 구독, 광고 등)

실용적 적용:
- 마켓플레이스 및 중개 플랫폼
- 커뮤니티 및 네트워킹 플랫폼
- 콘텐츠 공유 및 유통 플랫폼
- SaaS(Software as a Service) 플랫폼

IT 전문가 이지혜(가명)씨는 프리랜서 개발자와 중소기업을 연결하는 디지털 플랫폼을 개발했습니다. 기업은 프로젝트를 등록하고, 개발자는 자신의 기술과 경험을 프로필에 등록합니다. 플랫폼은 매칭 알고리즘을 통해 적합한 인재를 추천하고, 계약 체결과 결제 과정을 자동화합니다. 모든 거래에서 10%의 수수료를 수익 모델로 채택했으며, 초기에는 마케팅과 사용자 지원에 상당한 노력이 필요했지만, 임계 질량에 도달한 후에는 네트워크 효과로 인해 유기적 성장이 이루어졌습니다. 현재 이 플랫폼은 월 2억 원 이상의 거래액과 2천만 원 이상의 순이익을 창출하며, 대부분의 프로세스가 자동화되어 있습니다.

또 다른 예로, 요리 전문가 정성훈(가명)씨의 요리 레시피 공유 플랫폼이 있습니다. 그는 처음에는 자신의 레시피를 공유하는 블로그로 시작했지만, 점차 다른 요리사들도 참여할 수 있는 플랫폼으로 확장했습니다. 수익 모델은 프리미엄 레시피 구독, 관련 제품 제휴 마케팅, 맞춤형 광고로 다양화되었으며, 월 3천만 명의 방문자와 5천만 원 이상의 수익을 창출합니다.

6. 수동적 마케팅 시스템

초기에 마케팅 자산과 파이프라인을 구축한 후, 최소한의 추가 노력으로 지속적인 고객 유입과 판매를 발생시키는 모델입니다.

구성 요소:

- 콘텐츠 마케팅 및 SEO 최적화
- 이메일 마케팅 자동화 시퀀스
- 제휴 및 파트너십 네트워크
- 고객 추천 프로그램

실용적 적용:

- 자동화된 콘텐츠 마케팅 파이프라인
- 이메일 자동 응답기 시스템
- 제휴 마케팅 네트워크
- 바이럴 루프 및 추천 시스템

헬스 코치 김유진(가명)씨는 다이어트 프로그램을 판매하기 위한 수동적 마케팅 시스템을 구축했습니다. 그녀는 먼저 다이어트와 영양에 관한 200개 이상의 블로그 게시물과 유튜브 비디오를 제작하여 검색 엔진 최적화(SEO)를 통해 지속적인 트래픽을 확보했습니다. 웹사이트 방문자에게는 무료 이북을 제공하고 이메일을 수집하여, 20개의 자동화된 이메일 시퀀스를 통해 가치를 제공하고 신뢰를 구축한 후 프로그램을 판매합니다. 또한 기존 고객에게는 친구 추천 시 할인 혜택을 제공하는 추천 프로그램을 운영합니다. 이 시스템은 초기 구축에 6개월이 소요되었지만, 이제는 주 2-3시간의 관리만으로 월 3천만 원 이상의 매출을 지속적으로 창출합니다.

비슷한 예로, 금융 교육자 박현우(가명)씨의 제휴 마케팅 시스템이 있습니다. 그는 개인 금융에 관한 신뢰할 수 있는 정보를 제공하는 웹사이트를 구축하고, 관련 금융 상품(신용카드, 투자 플랫폼, 보험 등)의 제휴 마케팅을 통해 수익을 창출합니다. 콘텐츠가 검색 엔진에서 높은 순위를 차지하게 되면서 지속적인 트래픽과 제휴 수수료를 발생시키며, 월 2천만 원 이상의 수동적 소득을 창출합니다.

7. 자동화된 가치 확장 시스템

초기에 개발한 핵심 가치 제안을 다양한 형태, 채널, 시장으로 확장하여 추가적인 노력 없이 수익을 극대화하는 모델입니다.

구성 요소:
- 핵심 가치 또는 콘텐츠의 다양한 형태 변환
- 여러 플랫폼과 채널을 통한 배포
- 다양한 시장과 고객 세그먼트 타겟팅
- 여러 수익화 모델의 통합

실용적 적용:
- 원 소스 멀티 유즈(One Source Multi Use) 전략
- 콘텐츠 재활용 및 리퍼포징
- 제품 및 서비스 번들링/언번들링
- 글로벌 시장 확장 시스템

경영 컨설턴트 최재영(가명)씨는 비즈니스 생산성 향상 방법론을 개발했습니다. 이 핵심 지적 자산을 바탕으로 그는 가치 확장 시스템을 구축했습니다. 먼저 이 방법론을 담은 책을 출판하고, 이를 온라인 코스로 변환했습니다. 같은 내용을 오디오북으로 제작하고, 주요 개념을 요약한 유튜브 비디오 시리즈를 만들었습니다. 기업용으로는 워크숍 패키지와 구현 도구를 개발했으며, 관련 앱도 출시했습니다. 또한 이 방법론을 라이센싱하여 다른 컨설턴트들이 사용할 수 있게 했습니다. 콘텐츠는 다양한 언어로 번역되어 글로벌 시장에 제공되고 있습니다. 이 확장 시스템은 하나의 지적 자산에서 10개 이상의 수익 스트림을 창출하며, 월 1억 원 이상의 수익을 발생시킵니다.

또 다른 예로, 헤어 스타일리스트 장혜진(가명)씨의 교육 콘텐츠 확장 시스템이 있습니다. 그녀는 독특한 헤어 커팅 기법을 개발하고, 이를 다양한 형태로 확장했습니다. 온라인 마스터클래스, 실습 워크숍, 도구 및 제품 라인, 인증 프로그램, 살롱 컨설팅 등 다양한 형태로 제공하며, 하나의 핵심 전문성에서 다양한 수익원을 창출하고 있습니다.

소프트웨어 개발사 대표 최재원(가명)씨는 한국의 인재 부족과 높은 인건비 문제에 직면했습니다. 그는 글로벌 인재 네트워크 구축 전략을 채택했습니다. 우크라이나의 개발자, 필리핀의 디자이너, 인도의 QA 엔지니어, 미국의 제품 매니저로 구성된 원격 팀을 구성했습니다. 이 글로벌 팀은 다양한 관점과 전문성을 제공했고, 24시간 개발 주기를 가능하게 했습니다. 또한 그는 글로벌 소프트웨어 개발 커뮤니티와 오픈 소스 프로젝트에 적극적으로 참여하여 최신 트렌드와 혁신에 대한 통찰력을 얻었습니다. 이러한 글로벌 인재와 지식 네트워크는 그의 회사가 국내 시장을 넘어 글로벌 SaaS 기업으로 성장하는 핵심 동력이 되었습니다.

자신만의 시스템화된
수익 모델 설계하기

이제 이 모든 지식을 통합하여 당신만의 지속 가능한 부의 시스템을 설계하는 단계별 프로세스를 살펴보겠습니다.

1단계: 개인 자산, 역량, 열정의 인벤토리 작성

모든 시스템 설계는 자신에 대한 정확한 이해에서 시작합니다. 당신이 가진 것, 잘하는 것, 좋아하는 것을 명확히 파악해야 합니다
.

핵심 액션:

- 당신의 모든 유형 자산(돈, 부동산, 장비 등)과 무형 자산(지식, 기술, 네트워크 등)을 나열하세요.
- 당신이 특별히 뛰어난 능력과 경험을 식별하세요.
- 당신이 진정으로 열정을 느끼는 활동과 주제를 파악하세요.
- 각 항목의 시스템화 및 확장 가능성을 평가하세요.

실행 도구:

다음 표를 작성하여 자신의 자산, 역량, 열정을 체계적으로 정리

하세요.

자산/역량/열정	유형	강도 (1~10)	희소성 (1~10)	시스템화 가능성 (1~10)	총점
(예시) 부동산 투자 지식	무형 자산	8	7	9	24
(예시) 디지털 마케팅 기술	역량	9	6	8	23
(예시) 건강/웰니스 열정	열정	8	5	7	20

총점이 높은 항목들이 시스템화된 수익 모델의 기반이 될 가능성이 높습니다.

2단계: 시장 기회와의 교차점 찾기

당신의 자산과 역량이 시장의 니즈와 만나는 지점을 찾아야 합니다. 아무리 뛰어난 역량도 시장 수요가 없다면 수익 시스템으로 발전하기 어렵습니다.

핵심 액션:

- 1단계에서 파악한 상위 항목들과 관련된 시장을 조사하세요.
- 해결되지 않은 문제나 충족되지 않은 니즈를 파악하세요.
- 경쟁 환경과 틈새 기회를 분석하세요.
- 글로벌 트렌드와 당신의 강점이 교차하는 지점을 찾으세요.

실행 도구:

기회 교차점 맵을 그려보세요. 가로축에는 당신의 강점(1단계에서 파악), 세로축에는 시장 기회를 배치하고, 교차점의 잠재력을 평가하세요.

3단계: 수익 모델 설계

이제 당신의 강점과 시장 기회를 연결하는 구체적인 수익 모델을 설계할 차례입니다. 앞서 배운 7가지 시스템화된 수익 모델 중에서 선택하거나, 여러 모델을 결합할 수 있습니다.

핵심 액션:
- 핵심 가치 제안과 차별화 요소를 명확히 정의하세요.
- 주요 수익원과 가격 전략을 설계하세요.
- 필요한 자원과 핵심 활동을 파악하세요.
- 초기 투자 요구사항과 손익분기점을 계산하세요.

실행 도구:

비즈니스 모델 캔버스를 활용하여 수익 모델의 9가지 핵심 요소를 체계적으로 설계하세요:

1. 고객 세그먼트
2. 가치 제안
3. 채널
4. 고객 관계
5. 수익원
6. 핵심 자원
7. 핵심 활동

8. 핵심 파트너십

9. 비용 구조

4단계: 자동화와 시스템화 계획

수익 모델이 정의되었다면, 이제 이를 최소한의 노력으로 운영할 수 있는 시스템으로 만드는 계획을 수립해야 합니다.

핵심 액션:

- 모든 핵심 프로세스를 나열하고 표준화 방안을 마련하세요.
- 자동화할 수 있는 프로세스와 필요한 도구를 파악하세요.
- 위임하거나 아웃소싱할 수 있는 활동을 결정하세요.
- 시스템 운영에 필요한 최소한의 시간과 노력을 계산하세요.

실행 도구:

시스템화 로드맵을 만드세요. 각 프로세스별로 현재 상태, 목표 상태, 필요한 도구/자원, 시간표를 포함하세요.

프로세스	현재 상태	목표 상태	필요 도구/자원	완료 예정일
고객 획득	수동 영업	자동화된 마케팅 파이프라인	CRM, 이메일 자동화 도구	3개월 내
서비스 제공	수동 과정	표준화된 시스템	프로세스 문서, 훈련 자료	2개월 내
결제 처리	수동 송장	자동화된 결제 시스템	결제 게이트웨이, 구독 관리 도구	1개월 내

5단계: 성장과 확장 전략

시스템의 기반이 마련되었다면, 이제 이를 확장하고 글로벌 자본 흐름에 연결하는 전략을 수립해야 합니다.

핵심 액션:

- 다중 수익 흐름 개발 기회를 파악하세요.
- 시스템의 규모 확장 방법과 필요 자원을 계획하세요.
- 글로벌 시장과 자본에 접근하는 전략을 개발하세요.
- 잠재적 파트너십과 협력 기회를 탐색하세요.

실행 도구:

성장 단계별 계획표를 작성하세요. 각 단계별 목표, 전략, 필요 자원, 주요 지표를 포함하세요.

성장 단계	목표	핵심 전략	필요 자원	주요 성과 지표
1단계 (1~6개월)	시스템 안정화	핵심 프로세스 자동화	자동화 도구, 매뉴얼	시간 투입 감소율
2단계 (7~12개월)	국내 시장 확장	마케팅 채널 다변화	마케팅 예산, 채널 파트너	고객 획득 비용, 전환율
3단계 (13~24개월)	해외 시장 진출	글로벌 파트너십 구축	법률/세무 자문, 현지 파트너	해외 매출 비중
4단계 (25~36개월)	추가 수익 모델개발	포트폴리오 다각화	R&D 예산, 제품 개발 팀	신규 수익원 비중

6단계: 실행 및 반복 학습

계획을 수립했다면, 이제 실행에 옮기고 지속적으로 학습하며 시스템을 최적화해야 합니다.

핵심 액션:

- MVP(최소 실행 가능 제품)를 빠르게 개발하고 테스트하세요.
- 핵심 가설을 검증하고 필요시 전략을 조정하세요.
- 주요 성과 지표를 지속적으로 모니터링하고 개선하세요.
- 시스템의 효율성과 확장성을 정기적으로 평가하세요.

실행 도구:

PDCA(Plan-Do-Check-Act) 사이클을 적용한 월간 리뷰 시스템을 구축하세요.

- Plan: 월별 목표와 실험 계획 수립
- Do: 계획 실행 및 데이터 수집
- Check: 결과 분석 및 학습 도출
- Act: 시스템 최적화 및 다음 사이클 계획

확장 가능한 부의 시스템 구축
: 핵심 원칙

지금까지 시스템화된 수익 모델 구축과 글로벌 머니 플로우 연결 방법에 대해 알아보았습니다. 이 장을 마무리하며, 확장 가능한 부의 시스템을 구축하기 위한 10가지 핵심 원칙을 정리하겠습니다.

1. 가치 창출 원칙 진정한 부는 실질적인 가치 창출에서 비롯됩니다. 당신의 시스템은 고객이나 사용자에게 명확한 가치를 제공해야 합니다. 단기적 이익이 아닌 장기적 가치에 집중하세요.
2. 레버리지 극대화 원칙 시간, 돈, 기술, 관계의 레버리지를 극대화하여 최소한의 투입으로 최대한의 결과를 창출하세요. 특히 시간 레버리지는 가장 중요한 요소입니다.
3. 시스템 우선 원칙 개별 행동이 아닌 시스템 설계에 집중하세요. 지속적인 결과를 창출하는 것은 일회성 노력이 아니라 잘 설계된 시스템입니다.
4. 자동화와 위임 원칙 가능한 모든 것을 자동화하고, 자동화할 수 없는 것은 위임하세요. 당신의 직접적인 시간과 노력이 필요한

활동을 최소화하는 것이 핵심입니다.

5. 다중 수익 흐름 원칙 단일 수입원에 의존하지 말고, 상호 보완적이고 시너지를 창출하는 다양한 수익 흐름을 개발하세요. 이는 리스크를 분산하고 안정성을 높입니다.

6. 확장성 설계 원칙 처음부터 확장 가능한 구조로 설계하세요. 고정 비용과 한계 비용의 비율을 최적화하고, 성장에 따른 병목 현상을 방지하는 구조를 만드세요.

7. 글로벌 연결 원칙 지역적 한계를 넘어 글로벌 기회, 자본, 인재, 지식에 연결되세요. 디지털 기술을 활용하여 국경 없는 비즈니스 모델을 구축하세요.

8. 지속적 학습과 적응 원칙 고정된 시스템이 아닌 지속적으로 학습하고 진화하는 시스템을 구축하세요. 데이터 기반 의사결정과 실험 문화를 도입하세요.

9. 네트워크 효과 원칙 사용자나 참여자가 증가할수록 시스템의 가치가 높아지는 구조를 설계하세요. 커뮤니티와 생태계 구축에 투자하세요.

10. 균형과 지속 가능성 원칙 단기적 이익과 장기적 가치, 수익성과 성장, 일과 삶 사이의 균형을 유지하세요. 진정으로 지속 가능한 시스템은 모든 이해관계자에게 가치를 창출합니다.

이러한 원칙들을 당신의 나침반으로 삼아, 자신만의 확장 가능한 부의 시스템을 구축하세요. 이것이 바로 플레이어에서 게임 메이커로의 전환이 완성되는 순간입니다.

망치지만 않으면 부는 따라온다: 지속 가능한 시스템의 본질

부의 게임에서 가장 큰 착각은 '한 방에 끝내려는 욕심'입니다. 하지만 시스템은 한 방에 만들어지지 않습니다. 시스템은 반복되는 작은 성공들이 쌓여 복리가 될 때 비로소 위력을 발휘합니다.

모건 하우절은 『돈의 심리학』에서 이런 말을 했습니다.

"나폴레옹은 전쟁의 천재란 '주변 사람들이 모두 미쳐갈 때 평범한 것을 할 수 있는 사람'이라고 했다. 돈 관리도 이와 같다. 대단한 일을 하지 않아도 괜찮은 결과를 얻을 수 있다. 오랫동안, 꾸준히, 망치지만 않는다면 말이다. 엄청난 실수(가장 큰 실수는 빚더미에 파묻히는 것이다)만 피해라. 이것이 그 어떤 조언보다 힘이 될 것이다."

이것이 바로 메이커의 사고방식입니다.

게임판을 짜는 사람들은 누구보다 절제합니다. 플레이어들이 시장의 요동에 따라 과감하게 베팅하고 무리수를 둘 때, 메이커는 평범함을 지키는 법을 압니다.

우리는 복리의 힘을 과소평가하는 경향이 있습니다. 한 번의 큰 성공보다, 매일 반복되는 작은 성공이 더 큰 차이를 만듭니다. 메이커는 이 사실을 알기에 무리하게 판을 키우려 하지 않습니다. 대신, 시스템이 스스로 작동하게 내버려 둡니다.

중요한 것은 단 하나입니다.

"치명타를 피하는 것."

게임 메이커의 최대 실수는 시스템이 무너지도록 내버려두는 것

입니다. 특히, 부의 시스템에서 가장 큰 치명타는 빚더미입니다. 과도한 레버리지, 무리한 투자, 시스템을 이해하지 못한 채 오로지 수익만 좇는 행위는 결국 시스템을 무너뜨립니다.

메이커의 전략은 '망하지 않는 것'입니다. 시스템이 망하지 않고 작동하는 한, 시간은 당신의 편이 됩니다. 누군가 단기적 성과에 열광할 때, 메이커는 이렇게 중얼거립니다.

"나는 시스템을 만들었고, 그 시스템이 나를 위해 일하게 한다."

위기 속에서도, 변동성 속에서도, 메이커는 시스템을 신뢰합니다. 그리고 시스템을 지키는 가장 확실한 방법은 지나친 욕심을 버리고, 망하지만 않는 시스템을 유지하는 것입니다.

기억하십시오.

한 번의 승부로 모든 것을 얻으려는 플레이어는 결국 판에서 퇴장합니다. 하지만 시스템으로 게임을 하는 메이커는 판을 지배합니다. 당신이 설계하는 부의 시스템은 "지속 가능성"이라는 엔진을 장착해야 합니다. 그 엔진은 오늘도 조용히, 하지만 강력하게 당신의 부를 확장할 것입니다.

확장 가능한 부의 시스템을 구축하는 여정은 결코 쉽지 않지만, 올바른 원칙과 방법론을 따른다면 누구에게나 가능합니다. 이 장에서 살펴본 7가지 시스템화된 수익 모델과 글로벌 머니 플로우 연결 전략은 단순한 개념이 아니라, 실제로 많은 게임 메이커들이 성공적으로 적용한 검증된 방법론입니다.

진정한 부는 단기적인 수익이나 일시적인 성공이 아닌, 지속적으로 가치를 창출하는 시스템에서 비롯됩니다. 자동화와 레버리지를 통해 당신의 직접적인 시간과 노력 없이도 작동하는 시스템을 구축하고, 이를 글로벌 자본 흐름에 연결할 때, 비로소 진정한 경제적 자유를 경험할 수 있습니다.

김현우의 사례에서 보았듯이, 체계적인 접근법을 통해 개인의 역량과 열정은 글로벌 수익 시스템으로 전환될 수 있습니다. 당신도 오늘 배운 10가지 핵심 원칙을 나침반으로 삼아 자신만의 확장 가능한 부의 시스템을 설계하고 구축해 나가길 바랍니다. 이것이 바로 플레이어에서 게임 메이커로의 전환이 완성되는 순간이며, 당신이 더 이상 돈을 위해 일하지 않고 돈이 당신을 위해 일하게 만드는 지점입니다.

다음 장에서는 이러한 시스템을 장기적으로 유지하고 최적화하는 포트폴리오 전략에 대해 알아보겠습니다.

10장. 확장 가능한 부의 시스템 만들기

[확장형 시스템 체크]
멈추지 않는 시스템 만들기

1. 자동으로 고객이 유입되는가?
2. 시스템이 사람 없이도 작동하는가?
3. 글로벌 머니 플로우에 연결되어 있는가?

Learning Note :

11장.

나만의
금융 포트폴리오 설계

투자, 비즈니스, 자산 포트폴리오 통합 관리

"부자들은 '계좌'가 아닌 '포트폴리오'를 만든다."

이것은 제가 30년간의 투자와 사업 경험을 통해 얻은 가장 중요한 깨달음 중 하나입니다. 평범한 사람들이 '계좌'에 돈을 모으는 동안, 진정한 부의 게임 메이커들은 전략적으로 설계된 '포트폴리오'를 구축하고 있습니다.

포트폴리오란 단순히 분산 투자된 자산 목록이 아닙니다. 그것은 서로 시너지를 내는 자산, 소득원, 비즈니스, 투자의 유기적인 생태계입니다. 이 생태계는 당신이 자고 있는 동안에도 가치를 창출하고, 위험을 관리하며, 새로운 기회를 포착합니다.

지금까지 우리는 게임 메이커의 사고방식과 다양한 전략적 접근법을 살펴보았습니다. 이제 이 모든 지식을 통합하여 지속 가능하고 강력한 금융 포트폴리오를 설계하는 방법을 알아보겠습니다.

전통적 포트폴리오 관리의 한계

대부분의 금융 자문과 투자 교육은 주식, 채권, 부동산과 같은 전통적인 자산 클래스에 집중하며, 이들 간의 적절한 자산 배분을 강조합니다. 이른바 '현대 포트폴리오 이론'에 기반한 이 접근법은 분산 투자를 통해 위험을 관리하는 데 초점을 맞춥니다. 그러나 이러한 전통적 접근법에는 몇 가지 중요한 한계가 있습니다.

1. 단일 차원적 접근

전통적 포트폴리오 관리는 주로 금융 자산에만 초점을 맞추고, 비즈니스, 지적 자산, 네트워크, 기술과 같은 다른 형태의 자산은 간과합니다. 진정한 부의 시스템은 이러한 모든 자산 유형을 통합적으로 고려해야 합니다.

2. 수동적 관리 편향

대부분의 전통적 포트폴리오 이론은 "시장을 이길 수 없다"는 가정하에 수동적 인덱스 투자와 장기 보유를 강조합니다. 그러나 게임 메이커는 적극적으로 새로운 기회를 포착하고, 시스템을 구축하며, 시장 변화에 전략적으로 대응합니다.

3. 소득과 자본 이득의 불균형

많은 투자 전략이 자본 이득(자산 가치 상승)에 집중하고, 안정적인 소득 창출의 중요성을 간과합니다. 진정한 재정적 자유는 포트폴리오가 지속적으로 생활비 이상의 현금 흐름을 창출할 때 달성됩니다.

4. 레버리지와 지식 자본의 경시

전통적 포트폴리오 이론은 종종 레버리지(부채)를 위험 요소로만 간주하고, 지식과 기술의 레버리지 잠재력을 과소평가합니다. 게임 메이커는 이러한 도구를 전략적으로 활용하여 수익을 극대화합니다.

5. 시스템적 사고의 부재

가장 큰 한계는 시스템적 사고의 부재입니다. 전통적 접근법은 개별 자산을 독립적으로 분석하지만, 실제로는 모든 것이 상호 연결되어 있습니다. 진정한 게임 메이커는 이러한 연결성을 이해하고 활용합니다.

IMF 위기 당시, 많은 투자자들이 균형 잡힌 포트폴리오를 갖고 있다고 생각했지만, 금융 시장이 동시에 붕괴하면서 자산 간의 상관관계가 갑자기 높아져 분산 효과가 사라졌습니다. 반면, 몇몇 전략적 투자자들은 비즈니스 역량, 현금 보유, 인적 네트워크라는 다차원적 자산을 활용하여 위기를 기회로 전환했습니다.

저 역시 이 교훈을 뼈저리게 경험했습니다. 초기에는 단순히 여러 종목의 주식과 몇 개의 부동산에 분산 투자하는 것으로 충분하다고 생각했습니다. 그러나 IMF 위기는 이러한 단순한 분산 투자의 한계를 드러냈고, 이후 저는 비즈니스, 지식 자산, 네트워크, 현금 흐름 등을 포함하는 통합적 포트폴리오 접근법으로 전환했습니다.

게임 메이커의
통합 포트폴리오 프레임워크

진정한 게임 메이커는 투자, 비즈니스, 자산을 통합적으로 관리하는 다차원적 포트폴리오 프레임워크를 구축합니다. 이 프레임워크는 다음과 같은 핵심 요소로 구성됩니다.

1. 다중 자산 클래스 통합

게임 메이커의 포트폴리오는 다양한 유형의 자산을 포괄합니다.

주요 자산 클래스:
- 금융 자산: 주식, 채권, ETF, 암호화폐 등
- 실물 자산: 부동산, 귀금속, 수집품 등
- 비즈니스 지분: 자영업, 스타트업, 프랜차이즈 등
- 지적 자산: 특허, 저작권, 노하우, 교육 프로그램 등
- 인적 자본: 지식, 기술, 네트워크, 평판 등

이러한 다양한 자산 클래스는 각각 고유한 위험-수익 특성, 유동

성, 시간 요구사항을 가지고 있습니다. 이들을 전략적으로 조합하면 어떤 환경에서도 생존하고 번영할 수 있는 강력한 포트폴리오를 구축할 수 있습니다.

성공적인 부동산 투자자 이태영(가명)씨는 단순히 부동산 자산만 소유하는 것이 아니라, 부동산 관련 온라인 교육 프로그램(지적 자산), 부동산 관리 회사 지분(비즈니스 자산), 부동산 개발 기업의 주식(금융 자산), 그리고 업계 전문가 네트워크(인적 자본)를 포괄하는 통합 포트폴리오를 구축했습니다. 이러한 다양한 자산은 서로 시너지를 내며, 시장 환경 변화에 대한 적응력을 높였습니다.

2. 목적 기반 포트폴리오 구조

게임 메이커의 포트폴리오는 명확한 목적과 기능에 따라 구조화됩니다.

주요 포트폴리오 구성 요소:

- 안전 버퍼(Security Buffer): 비상 상황과 기회를 위한 유동적 자산
- 소득 엔진(Income Engine): 안정적인 현금 흐름을 창출하는 자산
- 성장 가속기(Growth Accelerator): 장기적 자본 증식을 위한 자산
- 기회 포착기(Opportunity Capturer): 새로운 기회에 빠르게 대응하기 위한 자원
- 레거시 빌더(Legacy Builder): 세대 간 부의 이전과 사회적 영

향력을 위한 자산

이러한 목적 기반 구조는 단순히 자산 클래스별 배분(주식 60%, 채권 40% 등)을 넘어, 각 자산이 포트폴리오 내에서 수행하는 역할에 초점을 맞춥니다.

스타트업 창업자 김민준(가명)씨는 회사 성장 과정에서 얻은 자금을 다음과 같이 구조화했습니다.

- 안전 버퍼: 12개월치 생활비와 비즈니스 운영 비용을 단기 국채와 현금성 자산으로 보유
- 소득 엔진: 월 500만원의 안정적 현금 흐름을 창출하는 상업용 부동산과 배당주 포트폴리오
- 성장 가속기: 장기적 성장 잠재력이 있는 테크 기업과 신흥 시장 ETF에 투자
- 기회 포착기: 새로운 스타트업 투자와 비즈니스 확장을 위한 유동적 자금
- 레거시 빌더: 자선 재단 설립과 차세대 교육을 위한 장기 투자

3. 현금 흐름 중심 설계

게임 메이커의 포트폴리오는 자산 가치 상승뿐만 아니라 안정적인 현금 흐름 창출에 중점을 둡니다.

현금 흐름 소스:
- 수동적 소득: 배당, 이자, 임대료 등

- 시스템 소득: 자동화된 비즈니스, 로열티, 라이센싱 수입 등
- 자본 수익: 자산 매각, 리파이낸싱, 주식 매각 등
- 전략적 소득: 컨설팅, 강연, 자문 활동 등

이상적인 포트폴리오는 생활비를 초과하는 안정적인 현금 흐름을 창출하여 재정적 자유를 제공하고, 추가적인 투자 자본을 지속적으로 생성합니다.

직장인 출신 투자자 박지윤(가명)씨는 10년에 걸쳐 월 300만원의 수동적 소득을 창출하는 포트폴리오를 구축했습니다. 그녀의 현금 흐름 소스는 배당주(월 50만원), 임대 부동산(월 150만원), 온라인 교육 콘텐츠(월 70만원), P2P 대출(월 30만원) 등으로 다양화되어 있습니다. 이 현금 흐름 덕분에 그녀는 직장을 그만두고 자유로운 라이프스타일을 누리며, 매년 추가 투자 자본을 확보할 수 있게 되었습니다.

4. 시너지 극대화 설계

게임 메이커의 포트폴리오는 개별 자산 간의 시너지를 극대화하도록 설계됩니다.

시너지 창출 방법:
- 정보 시너지: 한 자산에서 얻은 인사이트가 다른 자산의 가치를 높임
- 자원 시너지: 한 자산의 자원이 다른 자산의 성장을 지원
- 브랜드 시너지: 여러 자산 간의 브랜드 가치 공유

- 고객 시너지: 여러 자산 간의 고객 기반 공유
- 운영 시너지: 비용 절감과 효율성 향상을 위한 자산 간 통합

개별 자산이 독립적으로 작동하는 것이 아니라, 서로 강화하고 보완하는 통합된 생태계를 구축하는 것이 핵심입니다.

부동산 개발자 정승호(가명)씨는 의도적으로 시너지를 극대화하는 포트폴리오를 구축했습니다. 그는 주택 개발 회사(비즈니스 자산)를 운영하면서, 부동산 중개 플랫폼(디지털 자산)에 투자하고, 건설 자재 공급 업체(공급망 자산)의 지분을 확보했습니다. 또한 부동산 교육 프로그램(지적 자산)을 통해 업계 전문성을 공유하고 네트워크를 확장했습니다. 이러한 자산들은 서로 정보, 고객, 브랜드 가치를 공유하며 통합된 생태계로 작동했습니다.

5. 적응형 관리 시스템

게임 메이커의 포트폴리오는 정적인 것이 아니라, 환경 변화에 적응하고 진화하는 동적 시스템입니다.

적응형 관리 요소:
- 정기적 재평가: 모든 자산의 성과와 적합성 정기 검토
- 트리거 기반 조정: 사전 정의된 조건 충족 시 자동 리밸런싱
- 시나리오 계획: 다양한 미래 시나리오에 대한 대응 전략 수립
- 기회 스캐닝: 새로운 투자 및 비즈니스 기회 지속적 탐색
- 피드백 루프: 경험으로부터의 학습과 전략 조정 메커니즘

이러한 적응형 관리 시스템은 어떤 경제 환경에서도 포트폴리오가 성장하고 번영할 수 있도록 합니다.

헤지펀드 매니저 출신의 이지훈(가명)씨는 분기별로 전체 포트폴리오 재평가를 진행하며, 주요 경제 지표(인플레이션, 금리, 경기 사이클 등)에 기반한 트리거 시스템을 구축했습니다. 예를 들어, 인플레이션이 5% 이상 상승하면 인플레이션 방어 자산(부동산, 원자재, TIPS 등)의 비중을 자동으로 늘리고, 장기 채권 비중을 줄이는 규칙을 설정했습니다. 이러한 적응형 시스템 덕분에 그는 2008년 금융위기와 2020년 코로나 위기 모두에서 포트폴리오를 보호하고 오히려 기회를 포착할 수 있었습니다.

통합 포트폴리오 관리는 단순한 자산 배분 이상의 예술이자 과학입니다. 이것은 당신의 금융 자산, 비즈니스, 지적 자산, 인적 자본이 하나의 조화로운 생태계로 작동하도록 설계하는 것입니다. 진정한 게임 메이커는 이러한 다차원적 자산을 목적에 따라 구조화하고, 시너지를 극대화하며, 적응형 관리 시스템을 통해 지속적으로 최적화합니다.

오늘 배운 통합 포트폴리오 프레임워크와 설계 방법론을 통해, 당신은 단순한 투자자를 넘어 자신만의 부의 생태계를 창조하는 게임 메이커로 거듭날 수 있습니다. 포트폴리오 비전 수립부터 단계적 구현 계획, 통합 관리 시스템까지의 여정은 쉽지 않지만, 이러한 체계적 접근법은 어떤 경제 환경에서도 번영할 수 있는 탄력성과 성장 잠재력을 제공합니다.

기억하세요. 포트폴리오는 살아있는 유기체입니다. 끊임없이 진화하고, 적응하고, 성장해야 합니다. 시간이 지남에 따라 당신의 목표, 상황, 외부 환경은 변화할 것이며, 포트폴리오도 이에 맞게 변화해야 합니다. 오늘 설계한 포트폴리오는 미래의 모든 변화에 대응할 수 있는 탄력적인 기반이 되어, 당신과 당신의 가족에게 지속적인 번영과 자유를 제공할 것입니다.

계획이 틀릴 때를 대비하는
메이커의 전략

게임 메이커는 누구보다 치밀하게 계획을 세웁니다. 하지만 메이커는 한 가지를 더 알고 있어야 합니다. 계획은 언제든 틀릴 수 있다는 사실을. 계획에서 가장 중요한 부분은, 계획이 계획대로 풀리지 않을 때를 대비한 계획입니다.

우리는 모두 최선을 다해 계획을 세웁니다. 수익률, 투자 비율, 성장 속도까지 계산하며 미래를 설계합니다. 하지만 현실은 숫자와 시뮬레이션대로 흘러가지 않습니다.

- IMF 외환위기: 수많은 기업이 부도났고, 170만 명이 실직했습니다.
- 2008년 글로벌 금융위기: 주식과 부동산 가격이 폭락하고, 한국 경제성장률이 0%대로 추락했습니다.
- 부동산 폭등과 폭락: 2020년대 초반 아파트 가격이 수억 원씩 급등한 뒤 다시 급락하는 혼란이 있었습니다.
- 코로나19 팬데믹: 경제 봉쇄와 소비 위축으로 자영업자 수십만

곳이 문을 닫았습니다.

- 삼성전자 주가 급락: 개미 투자자들이 몰린 이후 30% 넘게 하락한 사례가 반복되었습니다.
- 현직 대통령의 비상 계엄 검토: 2017년 탄핵 정국 속 계엄령 검토 문건이 공개되며 사회적 충격을 안겼습니다.
- 비관적 경제 전망: "한국 경제 위기론"이 수천 건 넘게 언론에 등장했습니다.
- 현직 대통령의 비상 계엄 실패: 2024년 비상 계엄이 발표되고 122일 만에 헌법재판소에 의해 대통령이 파면에 이르는 사태가 벌어졌습니다.

국내외의 수많은 사건들이 증명합니다. 계획대로 흘러가는 일은 드물다는 것을요. 그렇기에 메이커는 항상 플랜 B를 준비해야 합니다.

메이커는 '안전마진'이라는 개념을 실천합니다. 안전마진이란 계획이 빗나가도 치명타를 피할 수 있는 여유 공간을 의미합니다. 시스템이 예상대로 작동하지 않을 때조차, 무너지지 않도록 설계하는 것이 필요합니다.

"안전마진이 넓다면, 결과가 그리 우호적이지 않아도 여전히 유리한 고지에 설 수 있다."

메이커는 낙관적이면서 동시에 비관적이어야 합니다. 미래에 대한 희망을 품으면서도, 그 희망이 좌절될 때를 준비해야 합니다.

이 양면성을 갖춘 자만이 게임판을 지배할 수 있습니다.

- 낙관적으로 시스템을 설계하되, 비관적으로 리스크를 관리하라.
- 성공 확률을 높이되, 실패하더라도 치명상을 피하는 전략을 마련하라.
- 계획이 틀릴 때조차, 시스템이 버틸 수 있게 설계하라.

게임 메이커가 설계하는 판은 단순히 성공을 향한 계획이 아닙니다. 그 판은 혼란 속에서도 작동하고, 위기 속에서도 버티며, 예측할 수 없는 미래를 견뎌낼 수 있어야 합니다.

결국 메이커가 지향하는 것은 이것입니다.

"계획이 틀려도 망하지 않는 게임판."

이것이 메이커의 사고방식이며, 플레이어와 메이커의 결정적 차이입니다. 플레이어는 계획이 틀리면 게임을 잃지만, 메이커는 계획이 틀려도 게임을 계속할 수 있습니다.

"당신이 설계하는 시스템은 계획이 빗나갔을 때도 버틸 수 있습니까?"

이 질문에 "그렇다"라고 답할 수 있다면, 당신은 이미 메이커입니다.

11장. 나만의 금융 포트폴리오 설계

[메이커의 포트폴리오 3대 원칙]

1. 분산하되 집중하라
2. 수익보다 지속 가능성을 먼저 설계하라
3. 실패를 고려한 시나리오를 갖춰라

Learning Note :

12장.

게임 메이커의 미래

부의 패러다임 전환

"당신이 지금 목격하고 있는 것은 부의 게임의 근본적인 재편입니다. 이것은 단순한 경기 사이클이 아닌, 수백 년에 한 번 일어나는 규칙의 재정립입니다."

세상은 바로 지금, 우리의 눈앞에서 극적으로 변화하고 있습니다. 지난 몇 년간 일어난 변화는 이전 몇 십 년보다도 더 급격했으며, 앞으로 10년은 지난 100년보다 더 많은 변화를 가져올 것입니다. 이러한 격변의 시대에 부의 게임 역시 근본적으로 재정의되고 있습니다.

지금까지 우리는 게임 메이커의 사고방식, 레버리지 전략, 위기 속 기회 포착법, 디지털 머니 시대의 새로운 판 읽기, 시스템화된 수익 모델 구축, 그리고 통합 포트폴리오 관리에 이르기까지 다양한 전략과 도구를 살펴보았습니다. 이제 마지막 장에서는 미래를 내다보며, 다가오는 부의 패러다임 전환과 그 속에서 어떻게 게임 메이커로 자리매김할 수 있는지 알아보겠습니다.

다섯 가지 거대한 부의 패러다임 전환

역사적으로 부의 게임은 기술, 사회, 경제, 정치적 변화에 따라 몇 차례의 근본적인 전환을 겪었습니다. 농업 혁명, 산업 혁명, 정보 혁명이 그 대표적인 예입니다. 그리고 지금, 우리는 또 다른 거대한 패러다임 전환의 한가운데 있습니다. 이 전환은 다음 다섯 가지 핵심 영역에서 동시에 일어나고 있습니다.

1. 기술적 패러다임: AI 혁명과 자동화의 가속화

지금 우리가 목격하고 있는 인공지능과 자동화 기술의 발전은 이전의 어떤 기술 혁명보다도 더 빠르고 광범위한 영향을 미칠 것입니다.

핵심 변화:
- GPT-4와 같은 생성형 AI의 등장으로 지식 노동의 자동화 가속화
- 로봇공학과 AI의 결합으로 육체 노동의 근본적 변화
- 전통적 직업의 대규모 소멸과 새로운 형태의 직업 등장
- 소수의 '시스템 설계자'와 다수의 '시스템 의존자' 간 격차 심화

기회 포인트: 지식 노동과 창의적 업무조차 상당 부분 자동화되는 시대에, 진정한 기회는 "AI를 두려워하는 자"가 아닌 "AI를 도구로 활용하는 자"에게 있습니다. AI와 자동화 기술을 마스터하고, 이를 활용하여 가치를 창출하는 시스템을 설계하는 게임 메이커들이 새로운 부의 중심에 서게 될 것입니다.

법률 서비스 분야에서 AI의 등장은 많은 변호사들에게 위협으로 다가왔습니다. 그러나 법률 테크 기업을 설립한 김정훈(가명)씨는 이 변화를 기회로 삼았습니다. 그는 법률 문서 자동화, AI 기반 법률 조사, 스마트 계약 플랫폼을 개발하여, 변호사들이 AI와 협업하여 더 효율적으로 일할 수 있는 시스템을 구축했습니다. 그의 회사는 전통적인 법률 회사보다 10배 빠른 속도로 성장하며 법률 서비스의 새로운 패러다임을 만들어가고 있습니다.

2. 경제적 패러다임: 중앙화에서 분산화로

블록체인, 암호화폐, 탈중앙화 금융(DeFi)의 등장은 수백 년간 이어져 온 중앙화된 금융 및 경제 시스템의 근본적인 변화를 예고합니다.

핵심 변화:

- 중앙은행과 상업은행의 통화 독점권 약화
- P2P 거래와 스마트 컨트랙트 기반의 새로운 경제 메커니즘 부상
- 디지털 자산과 토큰화를 통한 소유권 및 가치 교환의 재정의
- 국경과 제3자 중개자의 중요성 감소

기회 포인트: 이 전환기에는 새로운 금융 인프라, 탈중앙화 애플리케이션, 그리고 토큰화된 경제 시스템을 구축하는 기회가 무궁무진합니다. 특히 기존 시스템과 새로운 탈중앙화 시스템 사이의 다리를 놓는 혁신가들에게 엄청난 가치 창출의 기회가 열려 있습니다.

2017년에 암호화폐 거래소를 설립한 박민준(가명)씨는 초기에는 많은 회의와 규제적 불확실성에 직면했습니다. 그러나 그는 기존 금융 시스템과 새로운 암호화폐 생태계를 연결하는 '중간 다리' 역할에 집중했습니다. 규제 당국과 적극적으로 협력하고, 기관 투자자들을 위한 커스터디 솔루션을 개발하는 등 지속적인 혁신을 통해, 그의 회사는 아시아 최대 규모의 디지털 자산 플랫폼으로 성장했습니다. 이제 그의 플랫폼은 전통 금융 자산의 토큰화와 같은 다음 세대 금융 혁신을 주도하고 있습니다.

3. 사회적 패러다임: 소유에서 접근으로

밀레니얼 세대와 Z세대를 중심으로, 사회의 부에 대한 인식이 '소유'에서 '접근'으로 변화하고 있습니다. 이는 공유 경제, 구독 모델, 그리고 경험 중심 소비의 부상으로 이어지고 있습니다.

핵심 변화:
- 물리적 자산 소유에서 서비스와 경험에 대한 접근으로 가치 인식 전환
- 구독 기반 비즈니스 모델과 서비스형 상품(as-a-Service) 개념의 확산
- 공유 경제와 P2P 거래 플랫폼의 주류화
- 지위 상징으로서의 물질적 소유에서 영향력과 경험으로의 전환

기회 포인트: 새로운 세대의 가치관 변화를 이해하고, 소유가 아닌 접근을 제공하는 혁신적인 비즈니스 모델을 설계하는 기업가들에

게 무한한 기회가 있습니다. 특히 자산의 유동화, 파편화, 그리고 공유 메커니즘을 가능하게 하는 플랫폼 구축은 막대한 가치를 창출할 것입니다.

부동산 전문가 이지현(가명)씨는 주택 소유보다 유연한 라이프 스타일을 선호하는 밀레니얼 세대의 트렌드를 포착했습니다. 그녀는 프리미엄 주거 공간을 구매하고, 이를 코리빙(Co-living) 공간으로 리모델링하여 디지털 노마드와 원격 근무자들에게 유연한 구독 모델로 제공하는 사업을 시작했습니다. 입주자들은 장기 계약이나 보증금 없이 월 단위로 가구와 시설이 완비된 공간과 커뮤니티에 접근할 수 있습니다. 이 비즈니스는 전통적인 임대 모델보다 30% 높은 수익률을 달성하며, 빠르게 여러 도시로 확장하고 있습니다.

4. 환경적 패러다임: 지속 가능성과 재생 경제

기후 변화와 자원 고갈에 대한 인식이 높아지면서, 경제 활동의 환경적 영향이 핵심 고려사항으로 부상하고 있습니다. 이는 지속 가능한 비즈니스 모델과 재생 경제로의 전환을 가속화하고 있습니다.

핵심 변화:
- 화석 연료에서 재생 에너지로의 에너지 패러다임 전환
- 순환 경제와 폐기물 최소화 비즈니스 모델의 부상
- ESG(환경, 사회, 거버넌스) 요소의 투자 의사결정 주류화
- 탄소 배출 규제와 탄소 시장의 확대

기회 포인트: 환경 문제를 해결하면서 동시에 경제적 가치를 창출하는 솔루션을 개발하는 기업가들에게 전례 없는 기회가 있습니다. 특히 청정 에너지, 자원 효율성, 순환 경제, 재생 농업 분야는 다음 세대의 경제 성장을 주도할 것입니다.

환경공학 배경을 가진 정성현(가명)씨는 페플라스틱을 재활용하여 건축 자재를 만드는 기술을 개발했습니다. 초기에는 많은 회의론에 직면했지만, ESG 투자가 증가하고 탄소 발자국 감소에 대한 기업들의 관심이 높아지면서 그의 사업은 급성장했습니다. 현재 그의 회사는 아시아 최대의 순환 경제 기업 중 하나로, 연간 1만 톤 이상의 플라스틱 폐기물을 고부가가치 건축 자재로 전환하고 있습니다. 최근에는 탄소 배출권 시장에도 진출하여 추가 수익원을 창출하고 있습니다.

5. 공간적 패러다임: 물리적 위치의 재정의

디지털 기술의 발전과 원격 근무의 보편화로 물리적 위치의 중요성이 근본적으로 재정의되고 있습니다. 동시에 메타버스와 같은 가상 세계의 부상은 완전히 새로운 디지털 공간 경제를 창출하고 있습니다.

핵심 변화:
- 원격 근무와 디지털 노마드 라이프스타일의 주류화
- 도시와 농촌 간 경계 흐림과 인구 분산
- 메타버스 내 디지털 부동산과 가상 경제의 성장

• 물리적 공간과 디지털 공간의 융합 (증강현실, 혼합현실)

기회 포인트: 이 공간적 패러다임 전환은 원격 협업 도구, 디지털 인프라, 메타버스 플랫폼, 그리고 새로운 형태의 지역 사회와 주거 모델을 개발하는 혁신가들에게 엄청난 기회를 제공합니다.

부동산 개발자 김준호(가명)씨는 코로나19 팬데믹 이후 원격 근무의 증가와 도시 탈출 트렌드를 포착했습니다. 그는 서울에서 2시간 거리의 농촌 지역에 원격 근무자를 위한 '디지털 빌리지'를 개발했습니다. 이 커뮤니티는 고속 인터넷, 공유 업무 공간, 웰니스 시설, 그리고 지속 가능한 식품 생산 시스템을 갖추고 있습니다. 초기에는 미친 아이디어로 여겨졌지만, 현재 이 프로젝트는 대기자 명단이 있을 정도로 인기를 끌고 있으며, 전국적으로 확장되고 있습니다. 동시에 그는 이 물리적 커뮤니티의 디지털 트윈을 메타버스에 구축하여, 물리적 자산과 디지털 자산 간의 시너지를 창출하고 있습니다.

게임 메이커의 미래: 새로운 기회의 지형도

이러한 다섯 가지 거대한 패러다임 전환이 교차하는 지점에서, 게임 메이커들을 위한 전례 없는 기회가 창출되고 있습니다. 미래의 부는 이러한 전환을 인식하고, 이에 선제적으로 대응하는 사람들에게 집중될 것입니다.

1. 신기술 통합자의 시대

AI, 블록체인, VR/AR, 생명공학과 같은 신기술들이 서로 융합되면서, 이들을 통합하여 새로운 가치를 창출하는 혁신가들에게 엄청난 기회가 열리고 있습니다.

핵심 기회 영역:
- AI 기반 개인화된 의료 및 웰니스 솔루션
- 블록체인과 IoT의 결합을 통한 신뢰 기반 자동화 시스템
- 확장 현실(XR)과 교육의 융합을 통한 새로운 학습 패러다임
- 합성 생물학과 순환 경제의 결합을 통한 지속 가능한 생산 시스템

게임 메이커 전략:
- 다양한 기술 분야에 대한 기본적 이해 개발
- 서로 다른 전문 분야를 연결할 수 있는 '고급 중개자' 역할 구축
- 빠른 실험과 반복을 통한 혁신적 통합 솔루션 개발
- 개별 기술이 아닌 문제 해결에 집중

의사 출신의 최지원(가명)씨는 AI, 웨어러블 기술, 유전체학을 통합하여 개인화된 예방 의학 플랫폼을 개발했습니다. 이 플랫폼은 사용자의 유전 정보, 실시간 건강 데이터, 라이프스타일 정보를 AI 알고리즘으로 분석하여 맞춤형 건강 개입을 제안합니다. 의료 지식과 기술에 대한 이해를 결합한 그녀의 접근법은 기존 의료 시스템의 한계를 뛰어넘어, 질병 예방과 웰니스에 대한 패러다임을 전환

시키고 있습니다.

2. 글로벌-로컬 연결자의 부상

세계화와 지역화가 동시에 진행되는 '글로컬라이제이션' 시대에, 글로벌 자원과 로컬 니즈를 연결하는 중개자들이 새로운 가치를 창출하고 있습니다.

핵심 기회 영역:
- 글로벌 원격 인재와 로컬 비즈니스를 연결하는 플랫폼
- 전 세계 틈새 제품과 로컬 소비자를 연결하는 큐레이션 서비스
- 지역 특화 콘텐츠의 글로벌 유통 채널
- 로컬 공동체를 위한 글로벌 금융 및 투자 솔루션

게임 메이커 전략:
- 다양한 문화와 시장에 대한 이해 개발
- 언어 및 문화적 다리 역할을 할 수 있는 역량 구축
- 지역 특화된 접근법과 글로벌 확장성의 균형 유지
- 기술을 활용한 마찰 없는 글로벌-로컬 연결 시스템 설계

패션 디자이너 이미나(가명)씨는 한국의 전통 공예 장인들과 글로벌 럭셔리 시장을 연결하는 플랫폼을 구축했습니다. 그녀는 전통 기술을 현대적 디자인과 결합하여 글로벌 시장에 어필하는 제품을 개발하고, 디지털 스토리텔링을 통해 장인의 이야기와 제작 과정을 공유했습니다. 이 플랫폼은 전통 공예가 사라질 위기에 처했던 농

촌 지역에 새로운 경제적 기회를 창출하면서도, 글로벌 소비자들에게는 독특하고 의미 있는 제품 경험을 제공합니다.

3. 재정의된 소유권과 가치의 설계자

토큰화, NFT, 그리고 새로운 형태의 디지털 자산이 등장하면서, 소유권과 가치 교환의 개념을 재정의하는 혁신가들이 새로운 경제 패러다임을 형성하고 있습니다.

핵심 기회 영역:
- 실물 자산의 부분 소유권과 토큰화 플랫폼
- 디지털 창작물과 지적 재산권의 새로운 수익화 모델
- 기여와 영향력에 기반한 가치 보상 시스템
- 커뮤니티 소유 및 거버넌스 모델

게임 메이커 전략:
- 블록체인과 토큰 이코노믹스에 대한 깊은 이해 개발
- 법적, 규제적 변화를 사전에 파악하고 적응하는 능력 구축
- 기존 금융 시스템과 새로운 디지털 자산 시스템 간의 다리 역할
- 진정한 가치 창출에 기반한 지속 가능한 토큰 모델 설계

부동산 전문가 출신의 박준서(가명)씨는 상업용 부동산에 대한 부분 소유권을 제공하는 토큰화 플랫폼을 개발했습니다. 이 플랫폼은 블록체인 기술을 활용하여 프리미엄 상업 부동산을 소액으로 나누어 투자할 수 있게 하고, 스마트 컨트랙트를 통해 임대 수익을

자동으로 분배합니다. 이전에는 대규모 자본이 있는 투자자들만 접근할 수 있었던 상업용 부동산 시장을 민주화하면서, 동시에 부동산 개발자들에게는 새로운 자금 조달 채널을 제공합니다.

4. 재생 자본주의의 선구자

지속 가능성을 넘어 재생(regenerative) 경제로의 전환은, 환경과 사회에 긍정적 영향을 미치면서 동시에 경제적 가치를 창출하는 혁신가들에게 무한한 기회를 제공합니다.

핵심 기회 영역:
- 탄소 포집 및 오프셋 시장
- 재생 농업과 식품 시스템
- 자원 재생 및 업사이클링 비즈니스
- 생태계 서비스의 가치화와 보상 메커니즘

게임 메이커 전략:
- 환경 과학과 비즈니스 모델의 통합적 이해 개발
- 장기적 가치와 단기적 수익성의 균형 유지
- 임팩트 측정 및 보고 시스템 구축
- 다양한 이해관계자(기업, 정부, 시민사회)와의 협력 모델 설계

농업 기술 전문가 정태호(가명)씨는 도시 수직 농장과 재생 농업 원칙을 결합한 혁신적인 식품 생산 시스템을 개발했습니다. 이 시스템은 물 사용량을 95% 절감하고, 화학 비료와 농약 없이도 전통

적 농업보다 10배 높은 생산성을 달성합니다. 또한 식품 폐기물을 퇴비화하여 토양 건강을 회복시키고, 탄소를 격리시키는 선순환 구조를 만들었습니다. 이러한 접근법은 식품 안전성을 높이고 환경 영향을 줄이면서도, 투자자들에게 매력적인 수익률을 제공합니다.

5. 메타버스 경제의 건축가

물리적 세계와 디지털 세계의 경계가 흐려지면서, 메타버스와 디지털 공간에서 새로운 경제 시스템을 설계하는 혁신가들이 등장하고 있습니다.

핵심 기회 영역:
- 가상 부동산 개발 및 경험 설계
- 디지털 아이덴티티와 아바타 경제
- 메타버스 내 커머스 및 서비스 플랫폼
- 물리적 세계와 가상 세계를 연결하는 인터페이스

게임 메이커 전략:
- 가상 환경 설계와 사용자 경험에 대한 이해 개발
- 게임 메커닉스와 토큰 이코노믹스 지식 습득
- 물리적-디지털 자산 간의 시너지 창출 방안 탐색
- 장기적 가치 창출에 초점을 맞춘 지속 가능한 가상 경제 설계

게임 개발자 출신의 김도현(가명)씨는 교육과 협업에 특화된 기업용 메타버스 플랫폼을 개발했습니다. 이 플랫폼은 기업들이 가

상 공간에서 글로벌 팀 협업, 사실적인 시뮬레이션 훈련, 그리고 몰입형 고객 경험을 제공할 수 있게 합니다. 그는 단순한 가상 공간을 넘어, 실제 비즈니스 성과를 창출하는 도구로서의 메타버스에 집중했습니다. 이 접근법은 팬데믹 이후 원격 근무와 디지털 전환이 가속화되면서 폭발적인 성장을 이루었습니다.

당신이 판을 짜는 시대가 온다

지금까지 우리는 미래의 부의 게임에서 열리고 있는 엄청난 기회의 지형도를 살펴보았습니다. 그러나 이러한 기회를 실현하기 위해서는 단순한 트렌드 인식을 넘어, 자신만의 게임판을 설계하고 주도할 수 있는 게임 메이커로 거듭나야 합니다.

게임 메이커 시대의 도래

역사적으로 볼 때, 부의 창출 패러다임은 끊임없이 변화해왔습니다. 농경 사회에서는 토지를, 산업 혁명기에는 공장을, 정보화 시대에는 지식과 데이터를 소유한 사람들이 부를 창출했습니다. 그러나 2025년 현재, 우리는 새로운 국면에 접어들고 있습니다.

인공지능, 블록체인, 메타버스, 생명공학 등 다양한 혁신 기술이 융합되는 시대에는 단순히 기존 게임의 규칙을 잘 따르는 플레이어가 아니라, 완전히 새로운 게임판을 설계하는 게임 메이커가 주도권을 갖게 될 것입니다.

"미래에는 단 두 종류의 사람만 존재할 것입니다. 알고리즘에게 지시를 내리는 사람과 알고리즘의 지시를 받는 사람."

이 말은 단순한 기술적 예측을 넘어, 게임 메이커와 플레이어의 근본적 분화를 암시합니다. 이제 당신은 선택해야 합니다. 다른 이의 게임판에서 플레이어로 남을 것인가, 아니면 자신만의 게임판을 설계하는 메이커가 될 것인가?

게임 메이커가 되기 위한 다섯 가지 핵심 역량

변화의 시대에 번영하기 위해 게임 메이커가 갖추어야 할 다섯 가지 핵심 역량을 알아보겠습니다.

1. **트랜스 컨텍스트 지능(Transcontextual Intelligence)**: 서로 다른 분야, 문화, 관점을 넘나들며 지식을 통합하고 새로운 맥락에서 적용할 수 있는 능력입니다. 미래의 게임 메이커는 전문성의 깊이와 다학제적 사고의 넓이를 동시에 갖추어야 합니다.

2. **시스템 사고(Systems Thinking)**: 복잡한 시스템의 상호작용과 인과관계를 이해하고, 단순 선형적 사고를 넘어 전체적 관점에서 문제를 바라볼 수 있는 능력입니다. 게임 메이커는 표면적 현상이 아닌 근본적 구조와 패턴을 인식합니다.

3. **미래 리터러시(Future Literacy)**: 미래의 다양한 가능성을 상상하고, 불확실성 속에서 전략적으로 판단하며, 변화하는 환경에 적응할 수 있는 능력입니다. 게임 메이커는 미래를 예측하는 데 그치지 않고, 원하는 미래를 창조합니다.

4. **실존적 창의성(Existential Creativity)**: 근본적인 질문과 목적을 탐구하며, 의미 있는 변화를 만들어내는 혁신적 사고와 행동 능력입니다. 게임 메이커는 '무엇'과 '어떻게'를 넘어 '왜'라는 질문에 답할 수 있어야 합니다.

5. **협력적 리더십(Collaborative Leadership)**: 다양한 이해관계자들을 연결하고, 집단지성을 활용하며, 공동의 목표를 향해 사람들을 이끄는 능력입니다. 게임 메이커는 자신만의 게임판을 설계하지만, 그 게임판은 다양한 참여자들이 함께 가치를 창출하는 생태계가 됩니다.

돈은 버는 것이 아니라 만드는 것이다

진정한 게임 메이커는 돈을 '버는' 것이 아니라 '만든다'는 사실을 이해합니다. 이는 단순한 말장난이 아닌 근본적인 패러다임의 전환을 의미합니다.

돈을 버는 사람은 기존 경제 시스템 내에서 한정된 자원을 두고 경쟁합니다. 그들은 시간과 노력을 투입하여 정해진 보상을 받습니다. 이것이 플레이어의 사고방식입니다.

반면, 돈을 만드는 사람은 새로운 가치 창출 메커니즘을 설계합니다. 그들은 전에 없던 솔루션을 통해 전에 없던 가치를 창조하고, 그 과정에서 새로운 부를 생성합니다. 이것이 게임 메이커의 사고방식입니다.

"부자가 되려면 돈을 버는 법이 아니라, 돈을 설계하는 법을 배워야 한다."

이 관점의 전환은 단순한 소득 증대 전략이 아닌, 완전히 새로운 삶의 방식을 요구합니다. 그것은 반응적 존재에서 창조적 존재로, 소비자에서 생산자로, 플레이어에서 메이커로의 전환을 의미합니다.

게임 메이커 시대의 기회 지형

앞으로 10년간 우리는 전례 없는 기회의 시대를 맞이할 것입니다. 기술 발전, 사회 변화, 경제 패러다임의 전환이 교차하는 이 시기에 게임 메이커들은 다음과 같은 영역에서 새로운 게임판을 설계할 수 있습니다:

1. **인공지능 증폭 경제(AI-Augmented Economy):** AI가 단순 자동화를 넘어 인간의 창의성과 생산성을 증폭시키는 시대에, 새로운 형태의 협업과 가치 창출 모델을 설계할 기회가 있습니다.

2. **탈중앙화 금융 생태계(Decentralized Financial Ecosystems):** 블록체인 기술과 스마트 계약을 기반으로 한 새로운 금융 시스템은 중개자 없는 가치 교환, 자산 토큰화, P2P 경제 활동을 가능케 합니다.

3. **메타버스 경제권(Metaverse Economies):** 물리적 세계와 디지털 세계의 경계가 무너지면서, 가상 자산, 디지털 정체성, 몰입형 경험에 기반한 새로운 경제 모델이 등장하고 있습니다.

4. **재생 경제(Regenerative Economics):** 단순한 지속 가능성을 넘어, 환경과 사회 시스템을 복원하고 재생시키면서 동시에 경제적 가치를 창출하는 모델에 대한 수요가 급증하고 있습니다.

5. **인지 자본 시장(Cognitive Capital Markets):** 인간의 주의력, 창의력, 감정, 경험이 새로운 형태의 자본으로 인식되고, 이를 중심으로 새로운 가치 교환 시스템이 형성될 것입니다.

이러한 영역에서 게임 메이커로 성공하기 위해서는 앞서 언급한 다섯 가지 핵심 역량을 지속적으로 개발하고, 변화하는 환경에 적응하며, 끊임없이 자신만의 게임판을 업데이트해야 합니다.

당신의 게임판을 설계하라

"모든 사람은 자신의 인생이라는 게임의 메이커가 될 수 있다."

게임 메이커가 된다는 것은 단순히 사업가나 투자자가 된다는 의미를 넘어섭니다. 그것은 자신의 삶과 부, 그리고 영향력을 스스로 설계하는 근본적인 관점의 전환을 의미합니다.

당신의 게임판 설계는 다음 질문들로부터 시작됩니다:

- 나는 어떤 가치를 창출하고 싶은가?
- 어떤 규칙과 인센티브 구조를 만들 것인가?
- 누구와 함께 이 게임을 플레이할 것인가?
- 이 게임판은 어떻게 확장되고 진화할 것인가?
- 이 게임은 참여자들과 세상에 어떤 의미를 줄 것인가?

이 질문들에 대한 답을 찾는 과정에서, 당신은 단순한 플레이어에서 벗어나 자신만의 게임판을 설계하는 게임 메이커로 성장하게 될 것입니다.

당신이 판을 짜는 시대

역사의 변곡점마다, 부의 창출 방식은 변화해왔습니다. 그리고 지금, 우리는 또 다른 중요한 변곡점에 서 있습니다. 이전에는 소수의 특권층만이 게임의 규칙을 정하고 판을 설계할 수 있었지만, 이제 기술의 민주화, 지식의 접근성 확대, 글로벌 연결성 강화로 인해 그 어느 때보다 많은 사람들이 게임 메이커가 될 수 있는 시대가 왔습니다.

"당신이 판을 짜는 시대가 온다"라는 말은 단순한 예측이 아닙니다. 그것은 당신에게 던지는 초대장이자 도전장입니다. 더 이상 다른 이들이 설계한 게임의 규칙에 따라 플레이하는 데 만족하지 말고, 자신만의 게임판을 설계하고 그 규칙을 정의하라는 요청입니다.

미래는 단순히 트렌드를 따라가는 플레이어가 아니라, 그 트렌드를 만들어내는 게임 메이커들의 것입니다. 자신만의 독특한 관점과 가치, 그리고 이 책에서 배운 다섯 가지 핵심 역량을 바탕으로, 당신만의 게임판을 설계하고 새로운 부의 흐름을 창조하십시오.

당신이 판을 짜는 시대, 바로 지금 시작됩니다.

게임 메이커로 사는 법: 5대 원칙으로 설계하라

지금까지 우리는 시스템을 설계하고, 판을 짜는 메이커로 거듭나는 방법을 배웠습니다. 하지만 이 게임의 핵심은 단순히 판을 짜는 것으로 끝나지 않습니다. 진짜 메이커는 매일의 선택과 사고방식 속에서 자신만의 철학을 실천하는 사람입니다.

메이커의 삶은 철학에서 시작됩니다. 단순한 부자가 되는 것을 넘어, 게임을 설계하고 지배하는 인생을 선택하는 것. 그렇다면 메이커로 산다는 것은 구체적으로 무엇을 의미할까요? 지금부터 소개하는 "게임 메이커 정신 5대 원칙" 은 당신이 매일 선택해야 할 삶의 방향입니다. 판을 짜는 자로 살아가기 위해 반드시 새기고, 실천해야 할 원칙입니다.

1. 판을 짜는 자가 된다

남이 만든 판 위에서 소모되지 않는다. so가 설계하고 내가 선택하는, 나만의 게임판을 만든다. 메이커는 플레이어가 아니라 시스템의 설계자다.

2. 망하지 않는 시스템을 만든다

빠른 성공보다 더 중요한 것은 무너지지 않는 시스템이다. 꾸준함과 복리의 힘으로 시스템이 스스로 굴러가게 만든다.

3. 위기를 기회로 바꾼다

위기의 순간은 판을 다시 짤 수 있는 최고의 기회다. 모두가 물러설 때, 메이커는 앞으로 나아간다.

4. 침묵하지 않고 목소리를 낸다

침묵하는 플레이어는 메이커의 먹잇감이다. 메이커는 선택지를 설계하며, 적극적으로 목소리를 내고 참여하는 사람이다.

5. 레버리지와 복리를 지배한다

타인의 시간, 자본, 자원을 지렛대 삼아 판을 확장한다. 메이커는 복리의 속도로 시스템을 성장시키는 법을 안다.

이 다섯 가지 원칙이 당신의 기준이 되어야 합니다. 하루하루 작은 선택들이 모여, 메이커의 삶을 완성됩니다.

기억하십시오.

메이커는 특별한 재능이 있는 사람이 아니라, 특별한 원칙을 실천하는 사람입니다. 이제 선택은 당신의 몫입니다.

플레이어로 남을 것인가, 메이커로 설계할 것인가.

당신이 판을 짤 차례입니다.

12장. 게임 메이커의 미래

[미래형 메이커 질문]
— 판을 키우는 사람의 3가지 사고법

1. 판이 바뀔 때 먼저 움직이는가?
2. 변화를 기회로 포착하는가?
3. 플레이어들을 메이커로 전환시키는가?

Learning Note :

에필로그·1

플레이어의 삶을 끝내고, 메이커로 사는 선언

오늘, 당신은 중요한 선택의 기로에 서 있습니다. 그동안 우리는 다른 이들이 설계한 게임판 위에서 열심히 뛰어왔습니다. 더 많은 돈을 벌기 위해 밤낮없이 일했고, 성공한 사람들의 조언을 따랐으며, 더 나은 결과를 위해 끊임없이 노력했습니다. 하지만 그 모든 노력에도 불구하고, 우리가 원하는 진정한 부와 자유는 여전히 손에 닿지 않는 곳에 있었습니다.

왜 그랬을까요?

"게임의 설계자 = 돈의 창조자"

이 간단한 등식이 모든 것을 설명합니다. 우리는 게임의 룰을 모른 채 열심히 플레이어로만 뛰었습니다. 제한된 자원을 두고 치열하게 경쟁하면서도, 정작 그 게임판을 누가 만들었는지, 어떤 규칙으로 운영되는지, 어떻게 하면 자신만의 게임판을 만들 수 있는지에 대해서는 생각하지 못했습니다.

오늘, 이 책을 읽은 당신은 더 이상 무지한 플레이어가 아닙니다. 당신은 이제 게임의 메커니즘을 이해하고, 자신만의 게임판을 설계할 수 있는 지식과 통찰을 얻었습니다. 플레이어에서 메이커로의 전환, 그 위대한 여정의 첫걸음을 내딛은 것입니다.

부의 게임 메이커 10계명

1. 판을 짜지 않는 자, 판에 지배당한다.
   - 세상은 판을 짜는 자와 따라가는 자로 나뉜다. 당신이 판을 만들지 않으면, 남이 만든 판 위에서 평생 플레이어로 살아간다.
2. 침묵하는 플레이어는 메이커의 먹잇감이다.
   - 목소리를 내지 않는 순간, 선택지는 사라진다. 침묵을 깨고 게임에 참여하라. 당신은 선택받는 사람이 아니라 선택하는 사람이어야 한다.
3. 시스템을 설계하라, 그리고 시스템이 일하게 하라.
   - 노동으로 벌지 말고, 시스템으로 벌어라. 시스템이 굴러가면 당신은 일하지 않아도 수익이 발생한다.
4. 욕심보다 지속 가능성을 먼저 챙겨라.
   - 빠르게 가려는 욕심은 시스템을 무너뜨린다. 망하지 않는 것, 그 자체가 최고의 전략이다.
5. 변동성은 벌금이 아니라 수수료다.
   - 시장의 요동을 두려워하지 마라. 변동성과 불확실성은 메이커가 지불하는 입장료다. 감내하라, 그것이 시스템의 일부다.

6. 레버리지를 활용하되, 레버리지에 지배당하지 마라.

   • 타인의 시간, 돈, 자원을 빌려 성장하되 과도한 빚은 금물이다. 가장 큰 실수는 빚더미에 파묻히는 것이다.

7. 시스템 없는 노력은 쳇바퀴다.

   • 아무리 열심히 달려도 시스템이 없으면 제자리다. 시스템이 당신을 앞으로 밀어주게 하라.

8. 복리의 법칙을 신봉하라.

   • 성공은 한 번의 대박이 아니라, 매일의 작은 성공이 쌓여 만드는 복리의 힘에서 나온다.

9. 위기는 메이커의 기회다.

   • 위기는 플레이어에게는 재앙이지만, 메이커에게는 새 판을 짤 기회다. 모두가 공포에 빠질 때 판을 설계하라.

10. 판을 짜되, 계속해서 판을 확장하라.

   • 현재의 시스템에 안주하지 마라. 판을 유지하는 것을 넘어, 글로벌하게 확장하라. 메이커는 끊임없이 판을 키운다.

부의 게임 메이커 선언문

나는 더 이상 따라가지 않는다. 나는 만든다.
나는 오늘, 메이커로서 다음을 선언한다.

1. 나는 남이 만든 판 위에서 경쟁하지 않고, 나만의 게임판을 설계하는 메이커가 된다.

2. 나는 돈을 벌기 위해 일하지 않고, 시스템이 나를 위해 일하게 만드는 메이커가 된다.
3. 나는 욕심을 버리고 지속 가능성을 선택하며, 망하지 않는 시스템을 구축하는 메이커가 된다.
4. 나는 위기를 기회로 바꾸고, 복리의 힘을 믿으며 시스템을 성장시키는 메이커가 된다.
5. 나는 과거의 플레이어였던 나를 떠나, 오늘부터 메이커로서의 새로운 삶을 산다.

나는 게임의 플레이어가 아니다.

나는 게임의 메이커다.

에필로그·2
내가 만든 게임판을
확장하는 방법

당신의 게임판은 단순한 아이디어나 사업 모델을 넘어, 하나의 생태계로 성장할 수 있습니다. 이를 위한 몇 가지 핵심 전략을 제시합니다:

1. 네트워크 효과 설계하기
   o 참여자가 늘어날수록 모두에게 더 큰 가치가 창출되는 선순환 구조를 만듭니다.
   o 참여자들이 자발적으로 생태계를 확장시킬 수 있는 인센티브 메커니즘을 구축합니다.
2. 경계 확장하기
   o 초기에는 좁은 영역에 집중하되, 점진적으로 인접 영역으로 확장해 나갑니다.
   o 다양한 산업과 분야를 연결하는 교차점을 찾아 새로운 가치를 창출합니다.
3. 협력적 생태계 구축하기

o 혼자서 모든 것을 통제하려 하지 말고, 다양한 파트너와 참여자들이 자율적으로 기여할 수 있는 개방형 시스템을 만듭니다.

o Win-Win-Win(당신, 파트너, 고객 모두가 승리하는) 구조를 설계합니다.

4. 지속적인 진화 메커니즘 내장하기

o 변화하는 환경에 적응할 수 있는 유연한 시스템을 설계합니다.

o 데이터와 피드백을 통해 끊임없이 게임판을 업그레이드합니다.

5. 가치와 목적 중심으로 확장하기

o 단순한 이윤 추구를 넘어, 더 큰 사회적 가치와 명확한 목적을 중심으로 확장합니다.

o 이것이 장기적으로 더 강력하고 지속 가능한 게임판을 만드는 비결입니다.

국민 경제주권 회복을 위한 약속

저자 송진호는 이 책을 통해 단순한 경제적 성공 비법을 전하는 것을 넘어, 보다 깊은 사명을 가지고 있습니다. 그것은 바로 경제주권을 진정한 주인인 국민에게 돌려주는 것입니다.

"저는 경제대통령 후보로서, 국민 여러분에게 엄숙히 약속 드립니다. 지금까지 소수 특권층이 설계해온 경제 게임판을 해체하고, 모든 국민이 공정하게 참여할 수 있는 새로운 경제 생태계를 만들겠습니다. 경제주권을 되찾아 진정한 주인인 국민 여러분의 손에 돌려드리는 것, 그것이 제 삶의 사명입니다."

희망의 메시지

최근 대통령의 계엄 실패와 탄핵으로 인해 많은 국민들이 혼란과 불안, 그리고 경제적 어려움을 겪고 있습니다. 이 어두운 터널이 끝없이 이어지는 것처럼 느껴질 수 있습니다.

하지만 위기는 언제나 새로운 기회의 씨앗을 품고 있습니다. 우리 역사 속에서도 가장 어려운 시기마다 우리 국민들은 놀라운 회복력과 창조성을 보여왔습니다.

이 책은 단순한 경제서가 아닙니다. 이는 여러분 각자가 자신의 운명의 설계자가 될 수 있다는 희망의 메시지입니다. 아무리 거대한 시스템이라도, 그것을 만든 것은 결국 사람입니다. 그리고 사람이 만든 것은 사람이 바꿀 수 있습니다.

당신이 더 이상 기존 게임의 수동적인 플레이어가 아니라, 새로운 게임을 설계하는 메이커가 되는 순간, 진정한 변화가 시작됩니다.

이 책 「부의 게임 메이커 — 룰을 아는 자가 돈을 만든다」가 여러분의 인생에 작지만 의미 있는 전환점이 되기를 바랍니다. 돈은 게임이고, 게임에는 룰이 있으며, 룰을 아는 자만이 진정한 자유를 얻을 수 있습니다.

"게임 메이커는 판을 만든다. 플레이어는 그 위를 뛴다."

당신은 어떤 선택을 하시겠습니까?

이제, 당신이 판을 짜는 시대가 시작되었습니다.

"The best way to predict the future is to create it."
— Peter Drucker

미래를 예측하는 가장 좋은 방법은 바로 미래를 창조하는 것이다. 그리고 당신이 만드는 미래는, 당신이 설계한 게임판 위에 있습니다.

"돈의 주인이 될 것인가, 시스템의 노예로 남을 것인가. 선택은 당신의 몫이다."

지금, 당신의 부의 게임 메이커 선언을 시작하십시오.

특 별 부 록

1.

나의 돈 게임판 그리기 워크북

워크시트 1: 현재의 돈 게임판 분석하기

목적: 당신이 현재 플레이하고 있는 돈의 게임판을 객관적으로 파악합니다.

작성 방법:

1. 아래 질문에 솔직하게 답변하세요.
2. 가능하면 구체적인 숫자와 사실로 작성하세요.
3. 감정이나 판단 없이 현재 상태를 있는 그대로 관찰하세요.

질문:

1. **수입 흐름**: 현재 나의 소득원은 무엇인가? (월급, 부업, 투자수익 등 모두 나열)
2. **지출 패턴**: 나의 주요 지출 항목과 비중은?
3. **자산 구성**: 현재 보유한 자산의 종류와 비중은?
4. **시간 투자**: 돈을 벌기 위해 투자하는 시간은 얼마인가?

- 주 평균 근무시간:

- 추가 수입을 위한 활동 시간:

- 투자 및 재테크 관련 시간:

5. **레버리지 요소**: 현재 나의 노력/시간 대비 결과를 증폭시키는 요소가 있는가?

6. **게임의 규칙**: 내가 따르고 있는 명시적/암묵적 규칙은 무엇인가?

7. **제약 요소**: 나의 경제적 성장을 제한하는 요소들은?

8. **플레이어 포지션**: 현재 게임에서 나의 위치는? (규칙 따르는 사람? 중간 관리자? 영향력 있는 위치?)

워크시트 2: 게임 메이커로서의 비전 설계하기

목적: 당신이 설계하고 싶은 새로운 돈의 게임판을 구체적으로 그려봅니다.

작성 방법:
1. 제약 없이 이상적인 상태를 상상하세요.
2. 5년 후의 모습을 구체적으로 묘사하세요.
3. 마치 이미 실현된 것처럼 현재형으로 작성하세요.

질문:
1. **가치 창출 메커니즘**: 내가 어떤 방식으로 가치를 창출하고 있는가?

2. **수입 시스템**: 어떤 방식으로 소득이 창출되는가? (자동화, 규모 확장성, 다양성)

3. **시간과 자유**: 나의 시간과 에너지는 어떻게 사용되는가?

4. **참여자들**: 내 게임판에 누가 참여하고 있으며, 어떤 역할을 하는가?

5. **확장 메커니즘**: 내 게임판은 어떻게 성장하고 진화하는가?

6. **임팩트 비전**: 내 게임판이 세상과 타인에게 어떤 긍정적 영향을 미치는가?

7. **핵심 원칙**: 내 게임판을 운영하는 핵심 가치와 원칙은 무엇인가?

워크시트 3: 전환 액션 플랜

목적: 현재 상태에서 이상적인 게임 메이커로 전환하기 위한 구체적인 단계를 계획합니다.

작성 방법:

1. 실행 가능한 구체적인 행동으로 작성하세요.
2. 시간 프레임과 측정 가능한 지표를 포함하세요.
3. 우선순위가 높은 것부터 시작하세요.

액션 플랜:

1. 게임판 이해 심화 (0~3개월)
2. 초기 게임판 설계 (3~6개월)

3. 핵심 역량 개발 (0~12개월)

   - 트랜스 컨텍스트 지능:

   - 시스템 사고:

   - 미래 리터러시:

   - 실존적 창의성:

   - 협력적 리더십:

4. 자원 및 네트워크 구축 (6~12개월)

5. 첫 번째 게임판 런칭 (9~18개월)

6. 피드백 및 진화 시스템 (지속적)

2.

플레이어 → 메이커 셀프 체크리스트

마인드셋 체크리스트

각 항목에 대해 현재 자신의 상태를 1~5점으로 평가하세요. (1점: 전혀 그렇지 않다, 5점: 매우 그렇다)

항목	점수	개선 방향
나는 돈을 '버는' 것이 아니라 '만드는' 것으로 생각한다		
나는 문제를 개별적으로 보지 않고 시스템적으로 본다		
나는 불확실성을 두려워하지 않고 기회로 본다		
나는 다른 사람의 규칙을 따르기보다 나만의 규칙을 만든다		
나는 자원 경쟁보다 가치 창출에 집중한다		
나는 단기적 성과보다 장기적 시스템 구축을 중요시한다		
나는 실패를 배움의 기회로 여긴다		
나는 내 시간과 에너지의 레버리지를 항상 고민한다		
나는 다양한 분야의 지식을 연결하여 새로운 인사이트를 만든다		
나는 나만의 독특한 게임판을 만들 능력이 있다고 믿는다		

- 40-50점: 게임 메이커 마인드셋이 강함
- 30~39점: 게임 메이커로 발전 중
- 20-29점: 플레이어에서 메이커로 전환 시작
- 10-19점: 아직 플레이어 마인드셋이 강함

행동 패턴 체크리스트

다음 행동 중 지난 3개월 동안 실천한 것에 체크하세요.

- 기존 시장이나 시스템의 비효율성/기회를 파악하기 위한 리서 치 수행
- 다른 분야/산업의 아이디어를 내 영역에 적용해 봄
- 내 지식/기술/자원의 레버리지를 높이기 위한 시스템 설계
- 자동화된 수입원 구축을 위한 구체적 행동
- 다양한 배경의 사람들과 의미 있는 협업 시도
- 미래 트렌드와 기회 영역에 대한 체계적 탐색
- 기존의 규칙이나 관행에 도전하는 실험 시도
- 나만의 독특한 가치 제안 개발
- 확장 가능한 비즈니스/프로젝트 모델 설계
- 내 시간과 자원을 투자하여 장기적 자산 구축

해석:

- 8~10개: 게임 메이커로서 적극적으로 행동 중

- 5~7개: 게임 메이커 행동 패턴 개발 중
- 3~4개: 게임 메이커 행동 초기 단계
- 0~2개: 주로 플레이어로서 행동 중

게임 메이커 전환 우선순위

체크리스트 결과를 바탕으로, 다음 90일 동안 집중할 3가지 우선순위를 작성하세요.

1.

2.

3.

부의 포트폴리오 전략 노트

3가지 차원의 포트폴리오

1. 자산 포트폴리오

현재 자산 배분과 목표 자산 배분을 기록하세요.

자산 유형	현재 비율	목표 비율	전환 전략
현금성 자산			
성장 투자			
인컴 투자			
사업 자산			
지적 자산			
기타			

2. 수입원 포트폴리오

수입원 유형	현재 비율	목표 비율	확장/개발 전략
능동적 근로소득			
사업 수익			
투자 배당/이자			
로열티/지적재산권			
자동화된 시스템 수익			
기타			

3. 성장 포트폴리오

성장 영역	현재 투자 (시간/자원)	예상 수익 시점	액션 플랜
단기(0~1년)			
중기(1~3년)			
장기(3~10년)			
초장기(10년+)			

4.

게임 메이커 자산 구축 전략

핵심 자산 유형:

1. **시스템 자산**: 당신이 만든 게임판 자체 (비즈니스, 플랫폼, 커뮤니티 등)

   o 현재 보유:

   o 개발 중:

   o 미래 계획:

2. **네트워크 자산**: 관계와 연결의 생태계

   o 핵심 관계:

   o 전략적 파트너십:

   o 커뮤니티:

3. **지식 자산**: 독특한 통찰과 전문성

   o 핵심 전문 영역:

   o 차별화 지식:

   o 지적재산권:

4. **신뢰 자산**: 평판과 브랜드

   o 개인 브랜드:

o 프로젝트/비즈니스 브랜드:

o 신뢰 구축 전략:

5. **금융 자산**: 전통적 + 디지털 자산

o 현재 구성:

o 목표 구성:

o 다각화 전략:

게임 메이커의 돈 관리 시스템

자금 흐름 관리:

1. 수익 캡처 시스템:

2. 자금 할당 원칙:

o 생활비 (%):

o 재투자 (%):

o 자산 구축 (%):

o 즐거움 (%):

o 사회 환원 (%):

3. 현금 흐름 최적화:

4. 돈의 속도 관리:

자산 보호 전략:

1.

2.

3.

5.

실행 다짐문

나, _____는(은) 이제 플레이어에서 게임 메이커로 전환하기
위해 다음을 실천할 것을 다짐합니다:

1. 매일 적어도 30분을 나의 게임판 설계에 투자한다.
2. 90일마다 이 워크북을 검토하고 업데이트한다.
3. 적어도 하나의 새로운 수입 시스템을 개발한다.
4. 나만의 게임판 MONEY 5단계 프레임워크를 키우기 위해 노력한
   다.
5. 다른 게임 메이커들과의 네트워크를 구축한다.

서명: _____

날짜: _____

© 송진호, 「부의 게임 메이커 ─ 룰을 아는 자가 돈을 만든다」

6.

이 책의 독자가 함께 읽으면 좋은 책들

【부의 인사이트를 확장하는 책들】

토니 로빈스, 『흔들리지 않는 돈의 법칙』

세계 0.001% 부자들이 알려주는 흔들리지 않는 투자와 부의 원칙.

워런 버핏, 『워런 버핏, 부의 기본 원칙』

투자 귀재 워런 버핏이 직접 전하는 부의 철학과 투자 노트.

벤저민 그레이엄, 『현명한 투자자』 (신진오 해제)

가치 투자의 바이블. 시장의 파동 속에서도 길을 찾는 법.

모건 하우절, 『돈의 심리학』

돈을 대하는 인간 심리의 깊이를 통찰하는 베스트셀러.

【부와 자유를 향한 실전 전략서】

엠제이 드마코, 『부의 추월차선』

경제적 자유로 가는 가장 빠른 길을 안내하는 실전 로드맵.

엠제이 드마코, 『언스크립티드』

평범한 삶을 뛰어넘는 비즈니스 전략과 부의 시스템 구축법.

존 리, 『존 리의 부자되기 습관』

금융 문맹 탈출, 부자되는 습관 만들기의 현실적 가이드.

자명, 『숨겨진 부의 설계도』

한국형 부의 패러다임을 새롭게 정의하는 전략서.

【부의 마인드셋과 행동 원리】

김승호, 『돈의 속성』

돈을 다루는 마인드부터 실전까지, 자수성가 부자의 생생한 돈
공부.

밥 프록터, 『밥 프록터 부의 확신』

세계적인 멘탈 코치가 전하는 부자의 사고방식.

브렌든 버처드, 『백만장자 메신저』

당신의 경험과 지식을 수익으로 연결하는 방법.

이서윤, 홍주연, 『더 해빙』

부와 행운을 끌어당기는 심리적 '가짐'의 힘.

한근태, 『재정의』

일과 삶의 개념을 재정의하며 성공을 설계하는 방법.

【미래를 대비하는 투자 트렌드】

이시즈미 간지, 『비트코인이 금화가 된다』

가상화폐 시대의 부의 이동을 꿰뚫는 통찰.

부의 게임 메이커
—룰을 아는 자가 부를 만든다

초판1쇄 : 2025년 4월 25일

—

지은이 : 송진호
펴낸이 : 김채민
펴낸곳 : 힘찬북스

—

주 소 : 서울특별시 마포구 모래내3길 11 상암미르웰한올림오피스텔 214호
전 화 : 02-2227-2554
팩 스 : 02-2227-2555
메 일 : hcbooks17@naver.com

—

—

ISBN 979-11-90227-59-9 03320 © 2025 by 송진호